바보

정의채 산문집

바보

2009년 3월 5일 초판 인쇄
2009년 3월 10일 초판 발행

지은이 정의채 | 펴낸이 김은영 | 펴낸곳 북 나비
출판신고 2007년 11월 19일 제380-2007-00056호
주소 142-868 서울시 강북구 번일동 462-112번지 1층
전화팩스 (02)903-7404
이메일 booknavi@hanmail.net
출력 모노 | 인쇄 지성인쇄 | 제본 동일제책

ISBN 978-89-93682-03-8 03810
값 10,000원

정의채 산문집

바보

북 나비

펴내는 글

도심 속 아파트로 둘러싸여 있는 초등학교를 바라보고 있다. 학교와 아파트 사이에 송사리가 노는 맑은 실개천이 있다. 수업이 끝난 학생들이 냇가에 가방 던져놓고 바지걷어 올리고 송사리를 쫓고 있다. 학교와 아파트 사이에 있는 학원 건물 대신 소나무 동산이 있다. 토끼를 쫓다 지쳐 너럭바위에 누워 흰 구름 떠가는 하늘을 바라보고 있다. 집이 보이자 주머니 속에서 열쇠를 꺼내는 대신 "엄마."라고 소리쳐 부른다. 바보 같은 나의 바람이다.

옛 친구들과 어릴 때 이야기를 나누고 있으면 다시 아이가 되곤 한다. 철없던 모습을 이야기 할 때 더 재미있어 한다. 한 점 티 없던, 바보스런 우리들의 어린 시절이 생애 가장 행복한 시절이었다. 그때는 우리가 천진했기에 아름다운 꿈이 더 많았던 게 아닌가 한다.

자투리 시간을 내어 컴퓨터게임을 하는 어린이들이 어른들의 옛 이야기를 그렇게 좋아할 줄 몰랐다. 내 글 읽고 던진 "우리는 바보를 좋아해요."라는 한마디가 글을 책으로 엮을 수 있게끔 힘을 주었다. 어린이에게 바보의 세상을 전하고 싶다.

저자 **정의채**

정의채 산문집 **바보**

3부 여름

4부 가을

5부 겨울

6부 옛이야기

1부

의채 바보

한번 잡아 보자고

바로 요즘이지. 비가 오다가 맑기도 하고
때로는 맑다가 가벼운 소나기 오기도 하고
이런 날에 호랑이 시집간다고 했었나?
무서운 호랑이 시집가니 좋은데
괜히 슬픈 척 하느라 여우가 찔끔 울어서
비가 찔끔.

길가다 소나기 찔끔 맞는 일이야
우산 별로 없던 옛날에야

가끔 있는 일 아니었나?

동요 가사 생각해 봐
빨강 우산, 깜장 우산, 찢어진 우산
맞아 그게 전부였지.
한 집에 우산 하나, 아니면 둘,
아버지가 하나 가지고 출근하시면
나머지 우산 하나에 두 명은 기본이었지.
때론 세 명이 한 우산에 들어 좁다란 학교길에 어깨 비비며 등교했었지.
우산 주인은 나이가 어려도 가운데서 쓰고 말이야.
거의 반쪽씩은 비를 맞았지 우리가 초등학생 때에는.

호랑이 시집가는 날
뜻밖의 선물
세상에서 가장 아름다운 선물
무지개
생각나는지?

수봉산 중턱에도 있었고
철길 너머에도 걸쳐 있었고
한여름 지나려면 몇 번씩은 볼 수 있었는데
그게 그리 오래가질 않았어.
"무지개다, 무지개!"
몇몇 사람에게 알리다 보면
벌써 사라지고….

나, 그 무지개 정말 만져보고 싶었어.
무지개가 걸쳐 있는 곳까지 달려갔지.
해가 가고 또 가도 한 번도 성공 못 했지.

'멋모루'라는 동네로 이사 갔어.
집 앞에는 작은 논 몇 뙈기 있고
'신기천(승기천이지만 모두 신기천이라 불렀지)'이라는 냇물이
논을 가로질러 흐르고
그 너머 몇 이랑 밭 뒤로 솔밭 있었어.

사람은 그저 그림에 있는 신선처럼

늘 두어 명 초록 들판에서 천천히 일하고 있고

때로는 솔밭에 앉아 장기 두고

내가 이 솔밭을 좋아하는 데에는
다른 이유가 있었어.
호랑이 시집가는 날이면 어김없이 솔밭에
무지개가 걸리는 거야.
무지개가 솔잎을 색색으로 물들여
무지개가 오색 같기도 하고
일곱 색 같기도 하고
누가 그 색깔을 만들 수 있겠어.

나, 포기 없잖아.
정말 좋은 기회였지.
다른 곳에서는 무지개 쳐다보면서
무지개한테 달려 갈 수 없었어.
근데 멋모루에선 그게 가능했어.

무지개가 또 떴어.
신발 신고 무지개 바라보며 솔밭 향해 달렸어.
사라지기 전에 도착하려

있는 힘을 다해 달렸어.
달리면서 보니까 무지개는 그 자리에 잘 있었어.
어쩔 수 없었지.
신기천 건너려면
징검다리, 흔들흔들, 누가 놓았는지
고마워 할 틈도 없어 급하다고 급해.
그렇게 신기천 건넜어.

무지개는 사라졌어.
숨을 몰아쉬며
멍한 마음으로 솔밭을
바라보고 또 바라봐도
무지개는 사라졌어.
집으로 돌아오는 내 발걸음이
패잔병보다 나았을까?

몇 년을 계속 했지.
한 번도 거르지 않았어.

내가 크면 달리기도 빨라지고
그러면 잡을 수 있다는 희망은 살아 있었지.

한 번은 시냇물 여러 번 건넜지.
솔밭 쪽으로 건너면
무지개 사라지고
집 쪽으로 건너면
무지개 나타나고
징검다리에선 깊어서 안 보이고

달리고 또 달렸던
무지개 걸쳐진 솔밭,
고등학교 때
빛의 굴절이며 전반사며 배우지 않았더라면
지금도 달리고 또 달리고 있었겠지.

그렇게 잡지 못한 무지개가
어느새 내 맘 속에 떠 있어.

내 가슴이 솔밭이라고
호랑이 시집가면 무지개 뜰 수 있는…

우리 함께 무지개 잡으러 가보지 않으련?

스승의 그림자

요즈음이야 선생님도 아빠도
모두 친근해야 최고지만
우리 어릴 때야 어디 그랬나?
음식도 좋은 건 어른들이 먼저 드시고,
어른의 말씀이야 이치에 맞든 틀리든 따라야 하고

우리가 배웠던 것은
임금과 스승과 아버지는 모두 같다는
군사부(君師父)일체,

'스승의 그림자도 밟지 마라.'

우리가 초등학교 다닐 때는
학급별로 줄 서서 선생님 뒤따라서 가곤 했지.
다른 사람은 어떠했는지 몰라도
키 작은 나는 줄 앞쪽에 서게 되니
선생님 바로 뒤쫓아가게 되었어.
그게 내겐 아주 어려운 문제였어.
뭐가 문제냐고?
생각을 해봐 선생님 바로 뒤니까
선생님 그림자를 피할 길 없어
그래서 선생님 그림자를 밟게 되는 거야.
때로는 대열에서 조금 이탈도 하며
선생님 그림자 밟지 않으려고 노력했어.

속으로 생각했어.
'선생님 그림자 신경 쓰지 않고 밟는 친구들,
이 담에 봐!

난 너보다 훨씬 착한 사람이 되어 있을 테니까.'

아무튼 선생님 그림자 밟지 않는 건

무척이나 신경 쓰이고 힘들었지.

하지만 착한 사람 되고 싶었으니까

최선을 다하여 노력했어.

한여름 경인도로변 걷는데 너무 더웠어.

가로수 그림자를

마치 징검다리 밟듯 하면서 걷고 있었어.

여름처럼 나무 그림자가 고마울 때가 있을까?

뙤약볕을 걷다가

가로수 밑 그림자 속으로 들어가면서

선생님의 그림자와 가로수 그림자를

계속 번갈아 떠올리곤 했지.

그림자! 그림자!

똑 같은 그림자인데

왜 이렇게도 다를까?

그러던 어느 날

맞아. 똑 같아. 똑같다고.

그리고 가로수 그림자가 시원한 이유는

내가 그림자 밑으로 들어가기 때문이지.

그림자가 나를 덮는다고.

생각이 여기까지 미치자
다음날 해 뜰 때까지 기다려야 하는 게 답답했어.
가로수 그림자 밑으로 발을 뻗어 넣었더니
그림자가 내 다리 위로 오는 거야.
가로수 줄기 그림자도 그렇고
나뭇잎 그림자도 모두모두 내 몸 위를 덮는 거야.
바보라고 하겠지만 그림자를 빨리 밟아보기도 했어.
아무리 빨리 밟아도 그림자가 내 발등 위를 덮지
내가 밟는 건 불가능해.

실험은 끝났어.
난 선생님 그림자를 밟으려 한다 해도 밟을 수 없는 거야.

그 이후 맑게 갠 날에도
선생님 곁에 맘 놓고 갈 수 있었어.

우린 스승의 그림자 밟은 적 없다.
그렇지?

용기가 없어서

초등학교 사학년 때였나
수업시간 중 선생님께서 말씀하셨어.
"~하기가 누워서 떡 먹기보다 쉽다."
나 당연하다고 생각했어.
그런데 한 번이 아니고 같은 표현을 자주 하시는 거야.
~하기가 누워서 떡 먹기보다 쉽다고.

나! 이상하다는 생각이 들기 시작했어.
방학 때 할머님 댁에서 시루떡 먹어 보았어.

누워서 말야.

그런데 너무 어렵더라고.

자꾸 부스러져 목에 걸리고 말야.

자동으로 몸을 일으키게 되더라고.

기회가 있어서 인절미도 먹어 보았어.

딱딱하게 굳은 것으로….

좀 나았지만

누워 떡 먹는 건 어려웠어.

먹을 때마다 일어나 앉게 되더라고.

결론? 쉽더라고,

누워 떡 먹는 것보다

떡 먹고 눕는 게 훨씬 쉽다고.

생각했어.

개학하면 선생님께 알려 드려야지.

선생님께서 말씀하신 것은 틀리고요

떡 먹고 눕는 게 훨씬 쉽다고.

하루하루 지날 때마다
나 스스로 확신이 생기더라고.
내가 옳다.
선생님이 틀리셨다.
그럴수록 용기가 사라지더라고.
내가 분명 맞으니까
선생님이 당황하시겠지.
그럼 어떡하지.
에이 차라리 그냥 지내지 뭐 하고.

심판 좀 봐줘라.
떡 먹고 눕는 거랑
누워 떡 먹는 거랑
어떤 게 더 쉬운지 말야.

신기천 둑길 따라서

살면서 궁금했지.
동네 앞에서
마을 옆을 지나가는 신기천은 어디로 흐를까? 하고.
나중에 지도에 승기천으로 나와 있는 걸 알았지만
그렇게 부르는 사람은 아무도 없었지.
신기천이지 뭐, 다들 그렇게 부르니까.

도대체 신기천은 흘러 어디로 가는 걸까.
아무도 묻는 사람 없었지만

그냥 궁금했어.
그러던 어느 초여름 아니 늦봄이라고 해야 하나.
냇둑을 따라 걷기 시작했어.
처음엔 정처 없이 걸었지.
그저 살던 동네에서 빠져 나온 기분으로.

잠깐을 풀섶 헤치며 걸었는데
돌아보니 마을 뒷산이 보이고 집 한 채도 보이질 않더라고.
용기를 내서 조금 더 멀리 가 보았어.
갑자기 논이 가득한 너른 들이 있고,
들 저 건너편에는 꽃이 피어 있는 낮은 언덕들이 있고,
내가 따라서 걸어 내려온 냇물은
들 한편으로 흐르고….

잠깐 사이에 신선 나라에 온 듯 싶었어.
아주 작은 솔 언덕이 들 가운데
어둑하게 섬처럼 있고
흰 두루미들이 여기저기서 성큼성큼 걷고

커서 알았지만 지명이 선학동이더라고.

마치 금지된 낙원에 몰래 들어와서는
갑자기 자유를 찾은 듯
서서히 달리기 시작했지.
이마에 와 닿는 바람이 시원했어.

냇둑에 핀 무수한 꽃들이 나와 반대로 달리기 시작하고
사방을 둘러봐도 아무도 없는 그곳에서
갑자기 놀라서 발걸음을 멈추었지.
어쩌면 종달새도 나만큼 놀랬나봐.
내 발소리에 놀란 종달새가
마치 침입자 경보라도 울리는 듯
작은 날갯짓을 하며 수직으로 하늘로 솟았어.
그 너른 들 가득히 지지배배 끊임없이 울어대는 거야.
저 높이 더 높이 한없이 올라가더라고.
고개 들어 종달새를 찾아보니 눈이 부시더라고.

조심스레 다시 발걸음 옮겨서 냇물 따라서 하류로 걸어갔지.

때로는 내가 더 빨리 걷기도 하고

때로는 물이 더 빨리 흐르고

그렇게 한참을 걸으니

저 멀리 집 몇 채 있는 다른 마을도 있는 것 같았어.

너무 멀리 왔다 싶었어.

냇물도 제법 넓어졌고

갈대 우거진 숲이 나오고 길은 거기서 끝났어.

잠시 돌아갈까 망설였지.

그래도 물을 따라 가 보고 싶었어.

벌써 발걸음은 마음 따라 움직이고 있었지.

이리 저리 가로 지르고 빠지고 건너뛰고

갈대밭을 지나니

수평 그 자체더라고.

염전이었어. 순간 아까 장면은 다 잊고

새 세상에 들어갔지.

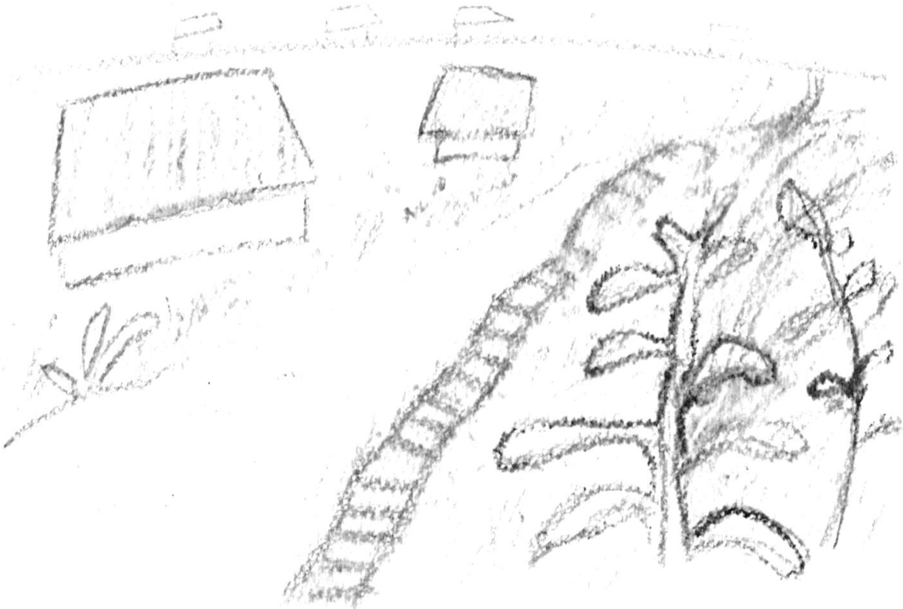

염전 경계에는 차가운 물이 흐르는 작은 내가 있고
사방에는 잔잔하게 바닷물 가득한 염전이
바둑판처럼 이어져 있었어.
저 멀리 가로질러 있는 둑이 보였어.
거길 가보기로 했지.

더 멀리 말야.

처음 보는 것,

마치 아이들 장난감 같은 작은 철도가 둑 위에 있더라고.

폭이 일 미터도 안 되는 협궤 철도

장난감처럼 작은 철도를 따라 걷다가

아래로 바다가 보이는 다리가 있는 거야.

다리를 걸어 건너며

순간 기차가 오면 어쩌나 했어.

다리 아래에 인도용 다리가 하나 더 있지 뭐야.

거길 가보니 마치 다리가 바닷물에 닿을 듯 싶었어.

다시 철길 위에 올라와서 고개를 들어보니

눈부시고, 염초 가득한 갯벌과 멀리 바다가 보이고

듬성듬성 까만 소금창고가

바닷바람에 누울 듯 있고

자세히 보니 장난감 같은 철길은

여러 군데로 뻗어 있더라고.

그러고 보니

냇물을 따라 왔던 내가 바닷가에 있는 게 아닌가.

그리고는 불현듯 잊었던 것이 생각났어.

마치 바보가 대단한 걸 이해한 것처럼

맞아 냇물을 따라서 계속 가면 무조건 바다가 나오지.

그 당연한 걸 오늘 여태 궁금해 했단 말야.

얘들아

너희들 수봉산에서 출발해서

신기천 따라 계속 가면 어디 나오는 줄 알아.

나, 가 봤다.

바다가 나온다!

왜 아픈 곳 건드려, 잉잉잉 엉엉엉

훌쩍훌쩍, 니들이 내 아픔을 알아?

왜 아픈 곳 건드리는 거야.

중1때 넷째 주 토요일었어.

토요일이면 종례 빨리 끝내고 집에 보내 주시는 선생님이 최고잖아.

담임선생님은 국어 담당이신데 종례시간에 글쎄 난데없이 '봄, 여름, 가을, 겨울'을 영어로 나와서 교탁 위에다 쓰라고 하시는 거야.

애들이 한 명씩 나가데.

그러더니 몇 명은 다시 들어오고 나머지는 집으로 가는 거야.

한 삼십 분 지났나.

나머지 열 명은 청소하라는 거야.

나 참, 점심 못 먹고,

종례 늦게 끝나고

난 그게 시험 보는 것인 줄 몰랐어.

정말 짜증나더군.

그 땐 중학교가 배다리에 있었는데,

나는 주안까지 십 리를 걸어 다녔거든.

이유는 묻지마.

오전 수업 끝난 토요일

집에 가서 자연스럽게 점심 대신 저녁 먹었어.

거기까지야 그렇다고 해

그게 뭐 아픔이겠어.

근데, 그 다음 주 토요일이야.

똑 같아.

'월, 화, 수, 목, 금, 토, 일'을 영어로 쓰라는 거야.

초등학교 일학년 때 받아쓰기 빵점 생각나더군

화요일까지 외웠나.

그런데 벌써 열 명밖에 안 남았더라구.

청소하래.

또 청소했어.

점심시간은 또 그냥 지나갔지 뭐.

집에 가서 저녁 기다리지도 않고 바로 먹게 되더군.

열 받았어. 내가 열 받았다구 세상 달라지는 거 하나도 없지 하지만 오기가 생기더라구.

내가 뒤에서 10등 안에 매번 든다니!

담 주엔 뒤에서 11등 까짓것 만일 담 주에 또 한다면 뒤에서 10등 밖에만 들면 되잖아.

정말이더라구 또 하는 거야.

나! 연습장, 연필, 그리고 정신적 준비까지 했어.

선생님 왈 “1월부터 12월까지 외워.”

1월 영어단어 너무 길더군, 정말 열심히 외웠는데 또 열 명밖에 안 남았어.

운동회날 열심히 뛰다가 뒤돌아보니 아무도 없는 거 있잖아.

앞에는 벌써 팔뚝에 도장 찍고 있는데 그 심정이더라고.

왜 건드려, 아직도 딱지 떨어지지 않은 상처를.

니들이 내 아픔을 아냐구?

잉잉잉 엉엉엉 훌쩍훌쩍 아아앙~.

에이 바보 정의채

내가 왜 거기 있었는지,

언제 그 소녀가 거기 왔는지 기억이 나질 않는다.

버스 한 번 지나가면 하얀 돌먼지 밀가루처럼 날리던 그 길가에 소녀가 있었다.

덜 식은 여름 태양볕에 찌그러진 얼굴 눈만 반짝일 뿐.

아프리카 소녀처럼 가늘고 까만 팔과 다리, 다 닳아빠진 신발….

치마를 입지 않았다면 소녀였는지 알아 봤을까 모르겠다.

무어가 그리 바쁜지 가시덤불을 들락날락하는 걸 보고 난

내 일을 보러 언덕을 올라갔다. 생각해 보면 소녀는 내 일이 빨리 끝나는 걸 알고 있었던 듯 싶다.

내가 언덕을 오르려 할 때 소녀는 마른 아까시나무 가지 몇 개를 들고 고르고 있었다. 내가 그곳에서 무슨 일을 했는

지는 잊었지만 언덕을 내려올 때 내 눈에 들어왔던 건, 높이 솟은 포플러 가로수 밑의 소녀였다. 이제 막 다 만든 듯 이리저리 살펴보는 건 분명 아까 보았던 부러진 가시나무 가지였다. 그 많은 가시 하나하나에 코스모스를 꽂아 덮은, 내가 본 가장 남루해 보이는 소녀가 만든 가장 멋진 꽃다발이었다. 내가 본 건 꽃다발이 아니라 내 가슴에 영원히 들어와 있는 세상에서 가장 아름다운 소녀의 꽃처럼 예쁜 마음이다.

에이, 바보 정의채.

술래잡기

내게 두 남동생이 있는데
막내는 나보다 다섯 살 어린 도화초등학교 후배다.
막내동생과
같이 놀아주곤 했는데
겨울이라 집 안에서 술래잡기를 했다.
내가 삼학년이었으니 무척이나 작아서
마루에 있는 쌀뒤주 뒤에도 숨고 장롱 속 이불 위에도
숨고 하여도 못 찾을 때가 있었다.

어린 동생은
내가 술래를 하면 벽에 걸어 놓은 아버지 바지 뒤에 서서
매번 바지로 자기 얼굴을 가리고
찾아보라고 했다.
물론 자기 눈을 가렸으니
안 보여서 자기가 숨은 걸로 생각하는 건
이해가 가서 동생 재미있게 해 주려고
못 찾겠다고 하기도 하고 찾았다고 하기도 했다.

똑 같은 일이 몇 번 되풀이되고
내가 숨을 차례에
한 번은 바지 뒤에 숨어서
"숨었다." "찾아봐라." 했더니
동생이 바로 찾더라.

극장구경

학교에서 좀 멀긴 했지만
우리 동네에도 극장이라는 게 생겼지.
대단한 소식이었지.
제일 가까운 극장이 용현시장 안에 있던
한일 극장이었나?

그래 교실에서
친구들이 들뜬 듯 떠드는 이야기 들었어.
아폴로 극장이라고 생겼다는 거야.

아폴로가 무슨 말인지 알기나 했나?

세상에
전화기에서
무슨 목소리가 들리는 것도 이해가 가지 않던 내가
라디오에서 소리가 나오는 게
안테나 타고 들어오고
라디오 속에 있는 자석이 어떻게 해서
소리가 난다는 것도 이해가 안가서
어거지로 받아들이고 있었는 걸.
극장이야기가 뭐가 이해갔겠어.
죽었던 사람이 또 나온다는 이야기.

게다가 집이 가난하다고 생각한 나는
극장구경은 나하곤 별로 상관없는 이야기로 들었지.
그때는 영화구경이라는 말은 아무도 안 썼어
다들 극장구경이라고 했지.

집에 하나 있던 라디오를

아버지 들어오시기 전 다섯 시쯤까지는
잠깐 들을 수 있었어.
그것도 재미났지.
어린이 연속극도 듣곤 했지.

학교에서 친구들이 아폴로 극장이야기를
시간이 지남에 따라 더 자주하기 시작했어.
그리고 가게 입구 옆 벽에 붙여 놓았던
포스터는 왜 그리 사람 궁금하게 만드는지
그래 포스터보고 한일극장하고 애관극장 있다는 것 알았던 것 같아.

극장 구경 가보고 싶어졌어.
하지만 식구는 아무도 가보고 싶어 하는 거 같지 않았어.
한 번은 학교에서 단체로 가는데도
형제 중 아무도 안 가는 거야.
위 아래 모두 도화초등학교 다녔는데
나도 못 갔지.
나중엔 마음에 병이 되는 것 같았어.

라디오만 매일 잠깐 듣는 걸로

위안삼고 있는데

평소 내가 듣던 방송하고 다른 방송에서

<라디오 극장>이라는 어린이 드라마를 시작한다고 하는 거야.

하루가 지나고 이틀이 지나고
드디어 첫 방송이 나오던 날.
난 라디오를 가지고 건넌방으로 가서
문을 닫고 혼자서 라디오 틀어놓고
온 신경을 쏟아 집중했어.
드디어 시작됐어.

라디오에서
"라디오 극장." 하면서 성우들이 이야기를 시작하는 거야.
아무리 뚫어지게 라디오를 응시해도
이야기만 계속될 뿐
라디오는 멀쩡하게 그대로 있어.

나 실망했어.
"이게 무슨 극장야."

2부

봄

고향의 봄

한 낮의 고요 속
제 그림자 따라서
소리도 없이 안마당에 들어온 어미닭이
성큼성큼 발걸음 옮겨.

한껏 늘어져 있던 멍멍이는
자신의 존재 이유를 찾았다는 듯
본능적으로 뛰쳐나가
놈들이 사라진 대문 뒤로

꼬꼬댁 소리가 허공을 채워.

고무신 급히 신고 달려 나간 바깥마당,
왼편 옆집 담장 차고 뛰어오른
초가 지붕 위의 어미닭
제 새끼 걱정할 틈도 없이
거친 숨 몰아쉬고

꼬마 발소리가 반가운
마당 끝 아래 우리 속 돼지들
이쁜 주둥이 하늘에 대고
초보 나팔꾼 소리 내지.

나지막한 돌담 따라서 올라
발뒤꿈치 들고 바라본
텅 빈 뒷밭
할머니 주름보다
더 깊이 패인 주름진 감나무

가지마다 연초록 봄이 돋아나고
되돌아 달려 내려온 세상엔
내가 가장 멀리 가 본 경계를 알려주는
우물에 빈 두레박이 마른 채 놓여 있어.

실개천 따라 한 걸음 옮기다 본 복사꽃은
젊은 날의 사랑을 미리 알려주는 듯 하고
정신 차려 돌아보면
집은 아무 말 없이
걱정말고 더 가보라는 듯
제자리 지키고 서 있고

언제부터였을까.
민들레며 제비꽃이며
지천에 깔린 흰색 노란색 냉이꽃 사이를
춤추며 유혹하는 노랑나비
잘도 어우러진 들녘에 저 멀리

바지 바짝 걷어 올리고
차가운 논에 맨발로 디뎌가며
“이랴 이려 이려려….”
가쁜 숨 몰아쉬는 멍에 쓴 소.
묵은 겨울 뒤엎는 힘찬 쟁기.

꽃 피해 발 디디면
푸르른 토끼풀 속에 숨어 있던
내 발걸음 피해 논으로 뛰어드는
봄나들이 하는 어린 개구리들.
논두렁 따라 걸으며 맡은
논흙 봄 내음.

함지박 옆에 나와 있는
편안히 자리 잡은 막걸리 주전자 옆에
작은 엉덩이로
큰 세상에 앉아
멀리 보이는 집 한 번 확인하고

궁금한 마음에 고개 둘러보니
무색 햇빛 흰색으로 바꾸는
신선나라에서 날아온
흰두루미들 사이에
붉은 머리 황새까지 어우러진 낙원.

눈앞으로 지나가는 우마차 따라
쫓아간 내 눈길은
아스라이 트인 바다로 이어지고
나도 모를 이끌림에
시선이 머문 곳엔

한 손엔 노란 민들레 몇 송이 움켜쥐고
테두리 하얀 원피스 입은 소녀가
엎드려 민들레 또 한 송이
꺾어 들고는
이쯤이면 됐다는 듯 들고 서서

한참을 궁리하는 듯하더니
이내 눈길 한 번 내게 던져놓고 사라진
고향의 봄 들녘,

빼앗긴 마음을 제비가 물고 급히 날아간다.

봄방학 하는 날

봄방학 하기 전날
선생님께서 당부하시길
내일 가방 가져오라고
왜냐고?
교과서 가져 가야잖아.
가방 가져오지 못한 친구들은
교무실에서 교실로 교과서 묶은 채로
가져올 때 썼던 끈으로 묶어서
집에 가져갔지.

그때는 교과서 신청해서 샀잖아.
언니나 형이 쓰던 책 있으면 안 사고
교과서 바뀌는 과목은 물론 다 사야 했지.
좀 부잣집 애는 다 사더라고 부럽더라.

생각나나? 사회과부도 책.
총천연색에다가
종이도 도화지요 크기도 달랐지.
미술책은 가로로 길게 넘기도록
장정되어 있었지.

국어
산수
사회생활
자연
실과
도덕(바른생활)
음악

미술

사회과부도

종업식날 교과서 받아서 집에 가져갔지.
새 교과서의 느낌 참 좋았는데
난 어차피 삼월 되면 볼 거니까
봄방학 동안 단 한 번도 펼쳐보지 않았어.
어머니에게 꾸중 많이 들었는데
그래도 그 때 볼 걸 왜 미리 보나 했어.
나중엔 어머니께서
"넌 궁금하지도 않냐." 그러시더군.
구슬치기하기도 바쁜데…
우리 엄니 얼마나 답답하셨을까?

그래도 봄방학이면 교과서 만져야 했지.
중학생 때에는 책 싸는 비닐종이 팔기도 했지만
우리가 초등학생 때에는 그런 것도 없었고
교과서 종이 질도 안 좋아서

꼭 포장해야 했지.
달력 뒷면이 깨끗해서 좋았지.
달력 모자라면 2월이 다 가지도 않았는데
며칠 먼저 뜯기도 하고

달력은 얼마 안 가서 떨어져 나갔어.
제일 좋은 건
양회(시멘트)종이였지.
양회 포대는 여섯 겹으로
되어 있는데
가운데 네 겹을 사용했지.
주로 저학년 때 사용했어.
책 다 싸고 나면
겉에다 과목 학년 적어야 하고
뒤에다 학년 반 이름 적어야 했지.
글씨를 잘 쓰시는
아버지가 다 써 주셨는데

지금도 책장에 책 몇 권은 싸여 있어
그 시절을 떠올리게 하네.

흑백만화영화

우리 어릴 적 만화영화는 흑백이고 정교하지도 않아서
연속 동작도 이어지는 것이 아니었고
똑같은 그림을 반복해서 보여 줄 때가 많았지.

도화동의 봄
우리가 이학년 때인가
남창 부화장이 제물포쪽 굴다리하고 제재소 사이에 들어선 후
도화동에는 새로운 봄 풍경이 생겼어.
봄이면 집집마다 병아리 사다가 기르는 것이었지.

춥고 긴 겨울이 지나고
우물가 시궁창 돌 틈에서 연초록 풀잎 돋아날 때쯤
담장 사이로 들리는 병아리 삐악거리는 소리는
봄의 또 다른 생기를 가져다주었지.

처음에는 곽상자에
지푸라기 깔고
아주 고운 옥수수가루로 만든 사료주고
너무 어릴 땐 방에서 재우기도 하고
냄새가 나기도 하고

점점 커지면 나뭇가지로 닭장도 만들었지.
세로로 살도 만들고
모이통은 V모양으로 만들고
나중에 물통은 와룡소주 됫병 거꾸로 세워 주기도 하고

우리 집 안마당은 우리 동네 구슬치기 장소여서

매일 친구들이 모였었어.
가끔 까만 교복 입은 형들도 끼고
그 형들이 무척 크다고 느꼈었어.
지금의 나 같은 아저씨도 한 분 계셔서
하루에 한 번 정도는 퇴근하고 들러서
구슬 다 따서 도루 돌려주고는
저녁 식사하러 들어가시고
그 시절 참 그립다.

그런데 어느 날부터
안마당에 병아리들이 다니기 시작했어.
병아리가 조금 크자 안마당에 놓아기르기 시작했던 거지.
구슬치기는 자주 끊기고
개는 말뚝에 묶이는 신세가 되었고

한번은 병아리 때문에 잠시 구슬치기가 멈추어지고
모두들 마루에 쭈욱 걸터앉아서
병아리 노는 걸 한가로이 구경하고 있는데

한 고등학생 형이
개하고 병아리가 불공평하다고 여겼는지
지금도 사용하는 노란 고무줄 하나를
병아리 목에 걸어주었어.
마치 개 목에다 목끈 걸 듯 말야.

병아리가 그게 거추장스럽게 느껴졌는지
고개를 이리저리 흔들어 빼려고 하더라고
그러더니 부리와 목 부분을 땅바닥에 대고
꽁지를 하늘로 올리고 뒤로 걷는 거야.
고무줄 빠지라고
빠질 것도 같더라고
물론 뒤로 걷는 방향은 제멋대로고
다들 흥미있게 바라보다가 재미나서 웃었지.
마치 옛날 영화 속의 어린 꼬마들 웃음처럼 말야.

근데 고무줄 걸었던 형이 갑자기 일어서더니
대문 밖으로 뛰어나가는 거야.

한참 뒤에 숨을 헐떡이며 돌아와서는
나머지 세 마리 병아리에게
모두 고무줄을 목에 걸어주었어.

안마당에는 네 마리 병아리가
꽁지를 하늘로 치켜들고서
뒷걸음으로 둥글게 반복해서 원을 그리고
마루에는 올망졸망 꼬마들이 앉아서
깔깔대고 웃고 있고

내게 남아 있는
그 옛날 봄날의 흑백만화영화.

모내기

"만제네하고 정운이네 오늘 모내고
아~ 아, 낼은 기승이네하고 미자네 모내."

요즈음은 기계로 농사짓지만
내가 초등학교 들어가기 전
고향마을 능내리에서 모내기 할 때는
어른 일고여덟 분이 함께
논 하나씩 모내기를 하시더라고,
품앗이지.

마을의 집에서는
영미엄마 정운엄마 가마솥에
하얀 쌀 가득 채워 물 맞나 걱정해 가며
아궁이에 불 지펴 밥 짓고,

젊은 순녀는 머리에 똬리 올려 물고
우물에서 연신 물 길어다 물독에 쏟아 붓고

한 분은 볍씨 뿌려 만든 모판에
지게 세워놓고 모 뽑아서 지게에
물이 철철 흐르는 모를 던져 올리고
적당히 채워서 지고 일어나
논두렁 따라
모내는 논에 가서 듬성듬성 집어 던지고

여럿 모이다 보면 어디나 일 잘 못하는 분 계셔서
못줄 챙기는 분은 아예 정해져 있더라고.
한 삼십 센티 간격으로 빨간 헝겊 끼워져 있는 노끈을

모심기 한 줄 끝내면

논 양쪽에서 두 분이 일정한 간격을

띄어

다시 줄 대지.

그러면 서너 분이

빨리빨리 왼손에 틀어쥔 모 뭉치에서

오른손으로 떼어내어
왼쪽에서 오른쪽으로 오른쪽에서 왼쪽으로 심고
허리 한 번 펴고 뒷걸음질 치고
다시 줄 대면 또 시작하고….

엄마들이 새참 머리에 이고
마을길 내려오는 모습 멀리 보이면
“자아, 댓줄만 더 하자.” 하며
지게 지던 아저씨
마중 나가 머리에서 함지박 내려놓으면
눌렸던 키 크듯 영미엄마는
허리에 손 얹고 어깨 한 번 펴고

부엌 한 구석 묻어둔 항아리에서
바가지로 휘휘 둘러 퍼온 막걸리 담은 노란 주전자
기울여 따르고
사기대접으로 급히 마시면
옆으로 흘러 수염타고 내리는

막걸리를 옷소매로 대충 씻고
삶은 돼지고기 안주
김치와 함께 한 입 넣으면
세상에 누가 이보다 더 행복하랴.

대접 한 바퀴 돌고나면
뒤에 앉아있는 청년에게도 "너도 한 잔 해라." 하며
막걸리 한 잔 건네고
담배 한 모금 뿜어내고.
"올해는 비가 잘 와서 물대기가 좋았어.
날이 좋아야 할 텐데…" 하고는,

"자 또 들어감세." 어른 한마디에
땅 짚고 하나씩 일어서서
써레질 마친 논에 맨발 담그던 그 옛날
그렇게 모두 모여 모내기 하던 날,
함께 일하고 함께 먹고
그렇게 정들었던 이웃 있어 좋았어.

개학하는 날

겨울방학은 무척 길었지.
개학하는 날 학교로 가면서 보면
골목마다 한 명씩 학교로 향하는
친구며 형들과 동생들이 늘어나고
오랜만에 만나는 얼굴들이 반갑기도 하고

개학날은 가방 가져갔었나 몰라.
방학책하고 등사해서 내 주신 숙제하고
손에 들고 갔던 공작(만들기)숙제

힐끗 옆에 지나가는 애 손에 들려 있던 것 훔쳐보고

내가 만든 것 다시 쳐다보고

만든 것 들고 갈 때는 다른 애들 안 보이게 들고 가려 하지 않았나.

교실 들어갈 때 난감한 건

실내화 안 가져와서

양말발로 들어가야 하는데

현관 입구에 보면 흙이 조금 떨어져 있었잖아

그래서 양말발로 들어가는 게 더 싫었지.

교실에 들어가면 정말 어수선했지.

오랜만에 만난 친구들과

두서없이 이야기하다가

교실이 친구들로 거의 다 차면

개학식 하러 운동장에 나가야 했지.

현관에서 다시 운동화로 갈아 신으면

스피커에서 들리던 카랑카랑한 목소리

개학식날은 제법 추워서
운동장 바닥이 얼어 있었지.
하루 전날 발자국이 그대로 얼어서
운동장은 울퉁불퉁한 곳도 있고
학급별로 두 줄로 서고
처음엔 떠들다가
'앞으로 나란히' 몇 번에 차츰 조용해지고
반장이 앞에서 뒤돌아서 줄 맞추고
풍금이 구령대 옆에 하나 나오고
조회가 시작되면
국민의례부터 시작됐지.
교장선생님 훈화시간은 짧게 하셨으면 하는 게
모두의 공통된 희망 맞지.

교장선생님 훈화시간쯤 되면
까만 스파이크 신발바닥을 통해 전달되던
언 땅의 냉기에 발바닥이 시리기 시작했지.
우리가 밟고 있던 운동장은

줄 맞추어 녹고

그때는 조회시간에 국민체조도 했었지.
무릎 운동 때 쪼그려 앉으려는 순간
뒷사람이 앞사람 엉덩이에 무릎 갔다 대서
앞으로 넘어지게 장난치고.

조회 끝나면 확성기에서 음악이 나오지.
"산 속에 다람쥐 아기다람쥐~"
양쪽 끝에 서 있던 반부터 줄 따라 현관으로 들어가고
어느덧 빈 운동장엔 햇볕만 내리쬐고

요즘 개학하는 초등학교에선
또 어떤 일이 일어날까.

3부

여름

한여름 밤

담쟁이로 반쯤 덮인 나지막한 돌담으로
둘러싸여 있고
뒤로는 밤이면 칠흑 같은 어둠으로 변하는
산이 버티고 있고
반질반질한 흙 표면에
구들장용 돌들이 가운데를 가로질러
대문에서 안채까지
비 올 때를 기다리는 안마당과
몇 해 전에 단 한 포기 얻어다 심은 딸기가

봄부터 흥부네 자식만큼 번성하여
제맘대로 자라 숲을 이룬 뒷마당이 있고

벽엔 쇠스랑이며 낫이며 삼태기가 걸려 있고
빈 지게가 세상 가장 편하게 쉬고 있는
헛간도 있고
언제 썼었는지 모르는 돌절구도 툇마루 앞에서
바삐 지냈던 지난 세월을 말하려 하지만
아무도 묻지 않아.
계절 바뀌어도 하는 일없이 자리만 지키고 있고

바깥 처마 밑을 따라 흐르는 작은 물에는
산에 가보고픈 송사리 아무도 모르게
바삐 오르락내리락 하고
바깥 마당턱 아래 돼지는
쌀뜨물과 함께 먹이 주면
세상 가장 행복한 몸짓으로
통나무 가운데 파서 만든

제 밥그릇에 주둥이를 처박고는
잠시 세상 잊고서 먹기만 하고.
희멀건 박이 색깔 바랜
초가에 깊숙이 제 몸을 고정시키고
추수하면 이엉 새로 하라 알려주고

앞뜰 작은 냇둑 길 따라 서 있는 포플러
긴 그림자 논에 드리우기 시작하면서
주황빛 태양이 부풀어
바다 위 서쪽하늘 막아 서면
높은 하늘은 색색이 노을이 스며들고.
길 막힐까 걱정하듯
조깃배들 통통거리며
치솟은 돛대로 태양빛 가리며
너 나 할 것 없이 제 식구 향해
달려오면

나 어릴 적 살던 작은 포구에 어둠이 서서히 내리고

굴뚝마다 흰 연기 뿜어
마을에 저녁연기로 향기 드리우면
논에 갔던 삼촌
밭에 갔던 고모
물 한 바가지
고무신 신은 발에 붓고 대충 문질러서
마루 끝 걸레에 씻는 둥 마는 둥.

온 식구 안방에 다 모여
할아버지 먼저 한 술 뜨시면
앞논은 어떻고
뒷밭은 저쩌고

너도 설거지 하고 나오너라.
삼촌은 바깥마당
지푸라기며 나뭇가지며
싸리비로 쓸어 쌓아놓고

묵직한 밀거적 마당에 깔고 나서
“방에 모기 든다 어여 나와라.”
찐 고구마 한 바가지 들고
부엌 식구까지 다 나오면
지푸라기 불 붙여 나뭇가지 옮겨 붙어
모닥불 잠시 피어올라
어둔 밤에 식구들 얼굴
빠알갛게 물들이고
꺼져가는 숯불에 감자 몇 개 던져놓고
모기 온다며 말리던 쑥대까지 태워
쑥향이 우리들을 감고 돌아 하늘로 올라가면

빽빽이 하늘 가득 찬
그 어떤 보석보다 아름다운 별들이
어김없이 할머니 다리 베고 누운 나를
꿈나라로 이끌려 할 때,
별똥별들 순간에서
또 한순간 더하며

어린 가슴에

함께 보고픈 사람 만나면

이 순간을 얘기해 주라며

하나는 들 너머, 또 다른 하나는 산 너머
바다 위로 떨어지며
네가 커서 보게 될
아름다운 세상 있음을 알려줄 때,

"얘야 애 깨겠다 잠들었으니 방에 뉘어 놓고 문 닫아라."
할머니 목소리 자장가 삼아
나를 안고 방으로 옮기는
삼촌 팔 요람삼아
그렇게 잠든 한 여름 밤.

여름방학 숙제

방학이면 ≪여름방학생활≫이라는 책 한 권.

담임선생님이 등사해 나누어 주셨던 과목별 숙제.

그리고 이들 목록이 모두 적혀있는 한 장의 방학생활 안내.

그걸 받아드는 순간 누가 그거에 관심 있어?

이제부터 방학 시작인데….

사학년 여름방학 내 기억엔 유달리 기다리던 방학이었는데, 시작하자마자 강화, 시골 할머니 할아버지 사시는 댁으로 달려갔지 멀미를 하면서도.

지금 나도 자식 키워보니 이해가 가는데,
정말 열심히 일만 하시던 어머니에게는
방학에 아들이 할머니에게 간다니 손 하나 더는 거고
심심하게 지내시는 할머니에게는 손주가 최고.
나야 자유
삼박자 척척 정말 신나게 놀았어.

그 방학이 그렇게 기억에 남는 건 방학숙제 땜이야.
할머니가 "방학 숙제해라." 하시면
"방학숙제 하는 거예요 곤충 채집요. 식물 채집도 해야 돼요."

들로 산으로 갯벌로
바닷가에서 게 잡고, 시냇물에서 붕어잡고. 방죽(연못)에서 달치(송사리) 잡고,
거머리에 헌혈하고, 산에 가서 토끼 잡는다고 종일 뛰어다니고….

집집이 울타리 밑엔 봉숭아며, 나팔꽃, 으승화(지금은 접시꽃이라 부르던데)

초가지붕엔 하얀 박꽃 피기 시작하고

노오란 호박꽃 속에 있는 벌 잡아 꿀 먹는다고 하다가 쏘이고

메뚜기 잡아다 닭 모이로 주고

밀집으로 여치집 짜가지고 여치 잡아 넣어 놓고 오이 한 조각 넣어 주고,

어떻게 소리 내는지 본다고 밤새 들여다보고.

자치기, 구슬치기, 딱지치기 신났지.

정말 못 말리게 놀다가 개학이 열흘쯤 남았다고 생각했어.

할머니에게 여쭤봤어.

"오늘이 며칠에요."

그때 난 방학숙제 못 한 거 있으면 학교 못 가는 줄 알았어.

"스무 여드레."

아뿔싸 그럼 숙제 할 날은 단 하루 남았단 말야.

하루는 인천까지 돌아가야 하니. 눈물이 왈칵 쏟아지더라고.

여하튼 그 순간부터 숙제를 시작했어.

근데 저녁 먹고 숙제를 하는데

무심하신 할머니와 할아버지가 석유 닳는다고 등잔불을 끄시는 거야.

소심한 난 아무 말도 못하고 그냥 잘 수밖에.

다음날 오전 내내 숙제하다 짐을 챙기기 시작했는데

할머니가 한 이틀 더 있다 가라 하시는 거야.

개학인데요 했더니 이상하다 하시며 그럼 낼 가라 하시잖아.

하루 종일 숙제 했어, 물론 삼 분의 일도 못 했지.

개학날 학교가긴 틀렸지 뭐.

그렇게 해가 저물고, 등잔불은 또 꺼지고.

겨울방학에 다시 오겠습니다 하면서 잠자리에 누워

할아버지 젊었을 때 얘기며

할머니 시집올 때 가마타고 오는 얘기

첫날밤 얘기까지 듣다가 번쩍 뜨이는 게 있었어.

할머니가 이런 저런 말씀 하시는데 생각해 보니 모두 음력으로 말씀하시는 거야.

우리 할머니 양력 모르셔 맞아 음력으로 말씀하셨어.

나! 방학숙제 다 해 갔다.

깨달음의 그 순간 영원히 잊지 못한다.

그 방학이 그립다.

소년과 거미

읍내로 가는 큰길을 따라 포플러들이 하늘에 부채질을 하고
조약돌 모아서 만든 경계 따라서 코스모스가
줄지어 미소 지으며 한들한들 흔들리고
들 가운데로 흐르는 작은 내를 가로질러
마을을 지나 바다로 이어진
우마차길이 큰 길과 합쳐진 곳에
동네에서 가장 높은 건물인 방앗간이 자리잡고 있었다.
이슬 마르기도 전 아침공기 가르며
첫차 올 시간은 아직 먼 큰길을 혼자 차지하고

신나게 달리던 소년이 갑자기 놀라 서서 고개를 높이 들었다.
멀리 뻗은 그 길이 자기 혼자만의 길인 것처럼
소유하던 기쁨을 즐기지 못하는 것을 아쉬워 할 틈이 없었다.
방앗간 옆, 바람 길목에 거미가 줄을 친 것이다.
높다란 포플러 가로수와 가로수 사이
찻길 위에 커다랗게 큰 그물을 쳐 놓은 것을 본 것이다.
거미줄 크기에 놀랄 겨를없이
소년은 나무를 오르려 했지만 소용없었다.
급한 마음에 돌을 던져도 보았지만
허공을 가를 뿐 높이 있는 거미줄에는 다다르지 못했다.
오던 길을 되돌아 하일장터 쪽으로 뛰기 시작했다.
다행히 부지런한 동네 어른들이 몇 분 눈에 띄었다.
“아저씨 저기 거미줄에 제비가 걸렸어요.”
어른들은 믿지 못하겠다는 듯
어디냐고 물었다.
방앗간 앞 가로수라는 대답에

보아야 믿겠다는 듯
걷는 둥 뛰는 둥 발길을 재빠르게들 옮기셨다.
소년은 순간 모내기 끝내고 농악놀이 때
맨 앞에 들고 가던
"農者天下地大本也"가 적힌
그 끝에 멋진 꿩 깃털을 달았던 긴 대나무를 생각했다.
새벽에 온 동네가 발칵 뒤집혔다.
어른들도 그 대나무를 찾고 계셨다.

짧은 시간이었지만 어느새 소년은
그 사건과 관계없는 사람이 되어 있었다.
두 어른이 대나무를 들고 그 곳에 도착할 때까지는
그리 오랜 시간이 걸리지도 않았지만
벌써 많은 구경꾼이 거미줄에 걸린 제비를
올려다보고 있었다.
다행히 대나무가 거미줄에 닿아서
제비가 큰 길바닥에 내려졌고
어른들이 정성스레 거미줄을 떼어주었다.

소년은 제비가 괜찮은지 궁금했지만
어른들 등뒤에서 고개를 빼어 이리저리
틈을 찾아 바라볼 수밖에 없었다.

제비는 분명 살아 있었다.
꼼짝않는 것이 놀라서 그런지 소년은 알 길이 없었지만
분명히 살아 있었고
제 힘으로 총총걸음으로 사람들로부터 멀어져 갔다.
코스모스 사이로 사라진 제비를 더 이상 찾을 수 없게 되자
어른들은 하나 둘 돌아가고
혼자 남은 소년이 포플러를 한참 응시하고는
뒤돌아 천천히 할머니 계시는 집으로 향했다.

저녁 해에 포플러 긴 그림자 드리워지고
몇몇 집 앞마당에 멍석이 깔리고
별들이 총총히 하늘 가득 차고
어른들은 그렇게 큰 거미줄은 평생 처음 보았다고
여러 번 이야기하였다.

이제 그 이야기는 동네 아낙들도 모르는 이가 없었다.
하루 이틀 지나며
그 곳에 들러보지 않은 동네 사람은 없었다.
이야기는 다른 동네에도 다 알려지고
읍내 사람도 더러 아는 이야기가 되었다.
그렇게 큰 거미줄이 어디 있냐고
거짓말이라고까지 이야기하는 사람들도 있었다.

소년은 하루도 빠지지 않고 방앗간 근처를 살펴보았다.
그 거미가 살아 있다면
또 그만한 거미줄을 칠 것이다.
그렇다면 거짓말이라는 이야기도 사라질 것이고
무엇보다도 그렇게 사이가 멀리 떨어진 가로수들 사이를
어떻게 가로 질러 거미줄을 칠 수 있었는지
눈으로 보고 싶었다.
궁금증도 그렇지만 무엇보다도
그 거미가 그렇게 커다란 집을 짓고
잘 사는 모습을 보면

지난번의 미안한 마음이 좀 덜할 것도 같았다.

소년은 그 후로 저녁이면

방앗간 근처에 새로 짓는 거미줄을 살펴보는 것이 습관처럼 되었고

새로 치는 거미줄마다 너무 아름다워 어두워질 때까지 자리를 떠날 줄 몰랐다.

형승이에게 무슨 일이 있었기에

칠월 말이면 가장 기다리던 여름방학 하지.
여름방학 동안 날씨가 얼마나 더웠어.
요즈음은 피서 간다, 여행 간다고들 하지만
그때야 피서라는 말이 있기나 했나 몰라.
전에는 몰랐는데 사학년 때부터
매년 가을학기 개학하면
얼굴 새카맣게 타서 나타난 친구들이 몇 있었지.
방학 동안 주안 염전에서 놀았다고
신나게 이야기하곤 했어.

육학년 때는 송도 해수욕장에 다녀왔다고

자랑하는 친구가 처음 있었지.

당시 송도 해수욕장은 수도권에서 유일한 해수욕장이었어.

방학 동안 염전에 가지 않았어도

얼굴이 새카만 친구들은 많았어.

당시 남자들은 여름방학이면

속칭 런닝구 하나만 입고 놀았지.

다들 어느 정도는 까맣게 됐지.

나도 방학 중 신나게 놀다가

형승이의 검은 얼굴을 우연히 보았어.

아주 더운 여름날 수봉산 올라가는 길에서 봤지.

어깨에는 아이스께끼 통을 메고서

산에서 예비군 훈련하는 아저씨들에게

아이스께끼를 팔려는 것 같았어.

그냥도 더운데 땡볕에서

무거운 통까지 메고 산에 올라갔으니 얼마나

덥고 힘들었겠어.

왜 학교 앞길 건너에 아이스께끼 공장 있었잖아.

아마 승리 아이스께끼였나?

그런데 나중에 형승이에게 이야기 들었는데

아이스께끼를 하나도 남김없이 다 팔았데

그리고는 시장가서 콩나물인가를 사 가지고

부엌에 계시는 엄마에게 드렸는데

그 사실을 안 아버지에게 죽도록 매 맞았다는 거야.

그때는 부모님 생각해서 돈도 벌고

반찬거리까지 사 왔는데 왜 맞았는지도 몰랐겠지.

우리도 자식 키워 보니

돈이 없어도 자식 공부는 잘 시키고 싶은 것이 부모 마음이지.

크게 될 나무 떡잎부터 알아본다고 했나.

형승이 돈 잘 벌고 잘 사는 지금의 모습 보니 좋다.

소년의 추억

뒤뜰로 난 창호지 문을 열고 툇마루에 나서서 빗줄기를 바라보았다. 뒤뜰을 무성하게 뒤덮은 딸기 잎들에 더하고 덜함 없이 빗줄기가 내리고 있었다. 간지러운 듯 잎들이 빗방울을 맞을 때마다 살짝 흔들렸다. 눈을 돌려 장독대를 보니 장독들 위에 빗줄기가 부딪쳐 다시 튀어오를 뿐 별반 다를 것이 없었다. 사흘째 이어져 내리는 장대비다.

소년은 방으로 들어와 손잡이에 묶인 끈을 세게 당겨 창호지문을 닫고서는 다시 마루로 나가서 밖을 내다본다. 아무리 궁리해도 별다른 수가 없었다. 체념한 듯 마루 끝에 걸터앉아

발을 내려뜨리고 하늘을 올려다보니 높은 하늘에도 빗줄기가 끝없이 이어져 내리고 있었다.

헛간에 빈 지게가 홀로 며칠째 서 있고 삼태기, 멍석, 낫이며 농기구들도 심심한 듯 보였다. 처마 끝에서 낙숫물이 떨어져 흙이 패인 곳에 고인 물 위로 빗방울이 떨어져 투명한 물방울이 생기고 그중 몇은 잠시 터지지 않고서 흘러가기도 했다. 아무 색깔도 없는 물방울이 그리 예쁠 수가 없었다. 물이 흘러넘치는 세숫대야에는 큰 물방울이 만들어지기도 하였다.

소년이 숫돌과 세숫대야 사이에 있던 개구리 한 마리를 발견하였다. 언제부터 와 있었는지 꿈쩍도 안하고 배고픈 듯 가끔 입만 벌리고 있었다. 다른 날 같으면 벌써 쫓아가 잡으려 했을 터인데 오늘은 행여 조금이라도 놀랄까봐 소년도 개구리처럼 꼼짝 않고 턱을 괴고 앉아 살펴보고 있었다. 어찌해서 안마당까지 들어왔는지 궁금했다.

온 식구들과 모여 점심 식사를 하는데 소년이 먼저 일어나 급히 개구리를 찾아보았다. 개구리를 찾아 안마당 곳곳을 둘러보는데 빗줄기가 가늘어지기 시작하는 것이었다. 하늘도 조금씩 환해지는 걸 보니 비가 그칠 것 같다고 생각했다. 등뒤에서 어른들 대화 소리가 들렸다. 논에 나가보아야 되지 않겠냐는 것이다. 비가 거의 그치자 가운데 삼촌이 헛간에 가서 삽을 하나 집더니 대문 옆에 세워두고 부엌으로 들어가서 떡할 때 쓰던 체를 두 개 들고 오는 것이 아닌가. 소년은 급히 할머니께 "저 삼촌 따라 가도 돼요?"라고 여쭈었다. 어른들이 서로 눈길을 교환하더니 이내 아무도 말이 없었다. 늘 어른들은 일을 나가고 소년 혼자 집에 남게 되니, 항상 남겨진 말은 "어디가면 안 된다."였는데 오늘은 삼촌을 따라 나가니 안 될 이유가 없었다. 처음 벌어진 상황이 모두에게 새 세계를 여는 이상한 느낌이 스쳤다.

빗물이 쓸고 간 바깥마당은 빗자루질해서 청소했을 때보다 더 깨끗하고 곱게 보였다. 우물 아래 있는 미나리밭을 지나면서부터 소년은 자신이 살던 세상 밖을 처음 가 보게 되었다. 서쪽 바다로 향한 널따란 소달구지길이 곧게 나 있고, 오른편 논에서 왼편 논으로 길 위로 물이 넘쳐흐르고 있었다.

두 삼촌은 가끔 뒤를 돌아보며 소년을 확인하고는 앞서 가고, 소년의 고무신 위로 물이 흘러들어 발가락 사이를 시원하게 해 주었다. 소년은 가끔 고무신을 물 속에서 발가락에 걸어 끌 듯 걷다가 삼촌들이 멀리 떨어지면 종종걸음으로 쫓아가곤 했다. 발에 부딪는 물살의 감촉이 신선했다.

삼촌이 논두렁으로 접어들었다. 논물 냄새와 풀 냄새가 싱그러웠다. 한껏 크게 숨을 들이마셨다. 신기한 일이다. 그렇게도 비가 쏟아졌는데 말랑말랑한 흙으로 만든 논둑이 터지지 않다니. 논마다 아래 논으로 흐르는 자그마한 폭포를 하나씩 가지고 있었다. 그곳에서 나는 소리는 마치 생명체를 키워내듯 생동감이 있었다.

가운데 삼촌은 논두렁 터진 곳이 없는 걸 확인하고는, 작은 폭포에 체를 거꾸로 내리 누르고 붙잡고 있으라고 하고 한 마디 다짐시킨다. "체 들지 마라." 소년은 고길 잡으려는 걸 짐작으로 알았다. 그렇지만 체 입구를 물이 흘러 나가는 아래 논으로 향하는 건 도저히 이해가 안 갔다. 소년은 쪼그리고 앉아 한 손으로 체를 눌러 붙들고 다른 한 손으로는 떨어지는 물에 손을 넣어 보곤 했다.

잠시 후 삼촌이 돌아와서 체를 꺼냈을 때 소년은 눈앞의 광경에 놀랐다. 소년의 손바닥만한 붕어 한 마리와 대여섯 마리 달치(*송사리의 방언)가 물 빠진 체 안에서 튀고 있는 것이 아닌가? 소년은 아래 논에서 물고기가 폭포를 거슬러 올랐다는 걸 믿기가 어려워 묻고 싶었다. 하지만 체 안에 있는 물고기가 튀는 걸 보며 소년의 가슴도 놀람으로 두근거리며 벅차올라 물어볼 마음을 잠시 접기로 했다. 집에 가져가면 할머니가 얼마나 좋아 하실까? 마치 식구를 위해 사냥에 성공한 가장의 마음처럼 소년에게 사내의 본성이라도 용솟음친 것 같았다. 얼마 뒤 양동이에 제법 물고기가 찼다.

하늘은 언제라도 다시 비를 내릴 듯 흐려있어 금세 어둑해졌다. 소년은 집이 있는 마을을 바라보았다. 처음이었다. 자기가 사는 마을을 보는 것이 처음이었다. 그 풍경이 너무 아름다워 가끔 발길을 확인할 뿐 눈은 마을을 주시하며 집으로 향하고 있었다.

작은 산 아래 언덕에 열 집 남짓 초가집들이 있고 그 앞으로 바람에 푸른 파도가 이는 들이 펼쳐 있었다. 저만치 초록들 위에 눈부시게 흰 두루미가 선를 그으며 내려앉았다. 초가지붕 뒤에서 흰 연기가 솟아오르더니 이내 낮게 깔리고 돌담을 은은히 감싸며 사라졌다. 집에서 맡던 연기 내음에 이끌리듯 삼촌 뒤를 바짝 좇아 발걸음을 옮겼다. 뿌듯함으로 가득한 마음에 손에 든 양동이가 가벼웠다.

4부

가을

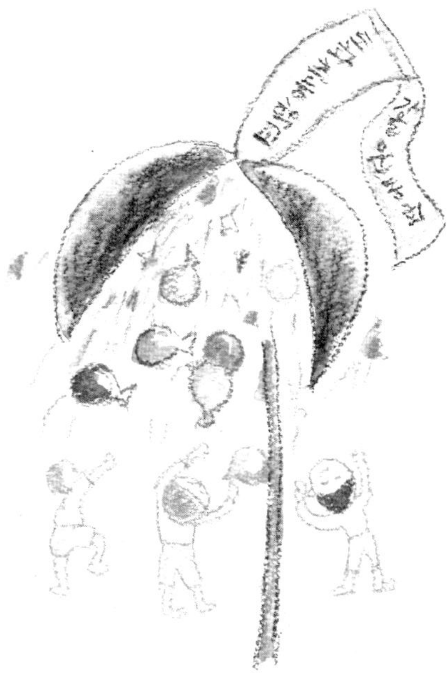

달치잡이

알다가도 모를 것이 여인의 마음과 날씨라고 했던가.
찬바람에 나무가 제 잎 떨구어대지.

춥기 시작하다가도
갑자기 여름처럼 더워서
겉옷 벗어들고 땀 흐르는 여름 같은 날씨.
우리나라만 그런 것이 아닌지.
미국엔 아예 '인디안 여름'이라 불리는 일주일 정도
더운 늦가을 날들이 있지.

여름 냇물에서의 고기잡이와는 아주 다르지
볕이 따가운 가을 낮
점심 먹고 도시락 하나 싸고
양동이 하나 헌 체 두 개 챙겨서

코스모스 연신 손 흔드는
가을 시골길을
발끝에 놀란 메뚜기 이리저리 뛰어다니고
마차 바퀴자국 깊게 이리 삐뚤 저리 삐뚤 이어진
마을에서 내려와 밭과 논 경계 따라서
수평선 있는 바다 둑까지 이어진 길을 따라

할머닌 원래 느리고
철부진 꽃 쫓아서 개구리 쫓아서
철 늦은 메꽃 세어보고
이름 모를 꽃 피해가며 발 딛고
논과 논 사이 논두렁 콩줄기 헤쳐 가며
잘린 논두렁 윗논에서 아랫논으로 물 흐르는 곳.

발 빠질까봐
논 하나 거꾸로 돌아가고
결국은 한 번은 왔었던 터진 논두렁에
고무신 자국 대신 다섯 발가락 찍어 놓고 찾아간 곳.
왕골이 대나무보다 높이 솟은
두어 평 남짓 방죽에

먼저 반겨주는 거머리가
물고기 많은 곳 알려주어.
거머리가 싫은 할머닌 "딴 데로 가자."
욕심 많은 철부진 "거머리 많으면 고기 많잖아."
올 때마다 매번 하는 복습.

방죽 가장자리 둑은
언제나 단단하게 바싹 마른 곳 있어.
두 엉덩이 사이 도시락 놓고 양동이 놓고
하얀 발 네 개 나란히 물에 담그고
밥 한 술 입에 물고 오물오물

방죽 맑은 물 깊이 반팔 옷 젖을랑 말랑
체 깊숙이 밀어 넣고
반쯤 씹던 밥알 체 속으로 뱉어내고
실잠자리 날갯짓이 바람 일으키는 고요한 방죽.
물 속에서 체 꺼내면
투두둑
붕어 한 마리 달치 열 마리
물 담은 양동이에 쏟아 넣고
커다란 풀잎으로 덮어 놓고
느릿느릿 밥 한 술 또 입에 넣고
……

방죽이 이무기 집이었나.
아무도 몰래 비단물결 물 위에 만들고
자기 먹이 내놓으라는 듯 수직으로 달려
석고상처럼 얼어버린 우리 앞에서
하늘 높이 세웠던 고개 물 속으로
한 번의 자맥질로 제 머리보다 큰 붕어 입에 물고

가마우지보다 더 훌륭한 사냥 솜씨 자랑하던
초록 물뱀 아무 소리도 흔적도 없이 사라진
그 넓은 들판 작디작은 방죽가.

논두렁 발자국은 세월이 지웠어도
세월로 지울 수 없는
빈 가슴 채우는 황금 들녘의 가을추억.

※체: 체는 둥근 것으로 한쪽에 아주 촘촘한 그물이 있어 쌀 찧어 고운 가루 걸러내는 데 쓰입니다.

방죽: 방죽은 보통 연못과 같은 뜻인 듯하나 보통 논 가운데 샘이 있어 생긴 연못을 말하는 것으로 알고 있습니다.

달치: 달치는 송사리의 방언입니다. 송사리의 방언은 무척이나 많아서 20여개나 됩니다. 곡사리, 곡살이, 곡수마리, 곡실이, 곰소리, 곱사리, 곱살이, 곱소리, 곱수리, 곱시리, 국수리, 꼭사리, 꼭살이, 꼰자리, 꼽소리, 꼽시리, 꼽조리, 꼽추리, 눈깔망댕이, 눈깔망둥이, 눈깔망태기, 눈깔망탱이, 눈깔망테기, 눈깔망퉁이, 눈깔방맹이, 눈깔배기, 눈깔뱅이, 눈깔송사리, 눈깔재비, 눈깔쟁이, 눈발데기, 눈발때기, 눈빨둑이, 눈사리, 눈재, 눈쟁이, 눈타리, 눈파리, 눈팔이, 달치, 밀챙이, 보리송

사리, 송살이, 송서리, 송수라미, 송스라지, 송아리, 쏭사리, 준쟁이, 필쟁이. 이상이 송사리 방언입니다. 내 고향 강화도에서는 송사리라는 말은 달치와 구별하여 사용합니다. 달치는 생김새가 송사리와는 다른데 언젠가 검색해 보니 송사리 방언으로 나왔습니다. 내가 알던 송사리는 좀 검은 붕어의 새끼이고 달치는 연갈색으로 더 이상 자라지 않습니다. 마치 바다고기 중 동아(동어)와 숭어 새끼는 똑 같은 모양이나 동아는 숭어처럼 커지지 못 합니다. 단 어디에서도 확인 못 했으니 그리 아십시오.

그 가을의 추억

옷 속으로 파고드는 가을 저녁 찬바람에
발길은 마음 따라서 이리저리 거닐다
이성에 이끌리듯
어느덧 마을을 벗어나
무밭을 지나고 있었지.

밭이 끝나는 지점에
억새풀 몇 포기 한들거리는 내리막 언덕
그리도 무성하던 꽃이며 잡초가

내년을 기약하며 갈색으로
황금들판의 시작을 알리는 이정표처럼 서 있는 곳.

언덕 아래 아주 작은 연못 하나 숨어 있지.
거꾸로 뜬 연못 속 구름이
가을 연못 깊이를
더하고
긴 겨울 견딜 힘을 비축한 송사리
제 힘을 주체 못하고 물 위로 뛰어 오르며
나와 함께 놀자고 하는 것 같았지.

가장 긴 벼 한 줄기 뽑아서
벼알 다 털어내고 나서는
쭉정이 벼줄기 찾아 반으로 갈라내어
새하얀 벌레 잡아서
털어낸 벼 줄기 끝으로 묶어서
언제 왔는지 전에 몇 번 보았던
동네 친구들과 합동으로

송사리 유혹 놀이를 시작했지.

팔 길게 뻗어 작은 연못에
벼 끝에 묶인 벌레 담그면
몇 번의 갈등을 거듭하다
유혹을 이기지 못하고 덥석 무는 순간
부드럽게 하지만 재빠르게 꺼내어
한 마리 손에 쥐고

언덕을 이리저리 뒤져서
깡통 하나 찾아서 담아 놓고
아예 풀언덕에 배 깔고 엎드려
본격적인 실랑이
어떤 송사리는 물지 않고 입맞춤만 하지.
인내와 유혹이 교차되는 순간이 반복되고
연못 속 구름도
부지런한 별에게 자리를 내줄 때

어둑해진 언덕 위에 그림자 하나
설마 망가뜨린 논 주인은 아니겠지.
아니면 보고 없이 무단 외출한 나를 찾으러
아버지가 보낸 식구는 아니겠지.
고개를 들어 올려 보았을 때
그냥 연못 속으로라도
아니면 서 있는 벼 사이 질퍽한 논에
숨고 싶은 심정.

코 흘리는 모습 한번 보이지 않았던 나를
우리 동네 하나뿐인 동갑내기 여자애가
아주 어린애가 되어 버린 나를
지켜보고 있었지.
단발머리에 하얀 깃 달린 옷 입고

그 가을
그 다음 가을
저녁바람 소슬하면

멀리서라도 볼 수 있을까.
그렇게 거닐던 황금들판의 추억.

떠나버린 소녀.
단 한 마디 말도 건네지 못했던
지금도 그 자리 그대로 서 있는
그 옛날 그 소녀 모습.

가을 들녘

마지막일지 모르는 만남이
한 번 또 한 번 이어져 가면서
여름에 만난 우리는
두 번의 만남에 가을맞이하고

커다란 눈망울의 주인공과
어린 철부지가
다음을 약속할 줄도 모르는
바보들의 만남인 채로

아슬아슬 끊어질 듯 이어진 만남은
연하디 연한 코스모스 가득한 가을날.

우연일 수 없는 이끌림으로
또 한 번의 만남을 이어가던

가을 들녘을
어설디 어설픈 표정으로

저녁 갈바람에
벼이삭 부딪는 소리
길 잃은 귀뚜라미 사랑 노래
밤하늘에 별처럼 빛나는 가을길 꽃들이
유혹의 양탄자 깔고

세상에 모든 것 사라져
우리 단 둘뿐인 순간
세상의 모든 사랑이 허락된 순간
설렘과 갈등의 시간이 이어져

안 된다 하면서
손으로 어깨 감싸고
고개 살며시 어깨에 기대고

어색함의 기쁨으로

미지의 감정

마음으로 주고받던

삼십 년 전의 아름다운 마지막 만남.

가을운동회

우리 운동회 생각나나.

왜 운동회 하면 좋았었지.

판에 박힌 생활이 아니여서였나.

하루 수업 안 해서였나.

용돈 타고 먹고 싶은 거 사 먹을 수 있어서였나.

운동회가 재미있었나?

나한테는 다 해당되는 것 같아.

생각해 보면 운동회 때마다 운동복 사야 했어.

부모님 부담 꽤 되었을 거구.
모자도 청군 백군 사 써야 하구
신발도 얇은 걸루 사 신어야 하니

반바지 입으면 좀 추웠잖아.
특히 운동회 시작할 때까지
지금이야 옷 위에 걸쳐 입기도 하지만
그때 그런 게 어디 있기나 했나.

교문에서 운동장으로 올라가는 길 양쪽으로
색깔 입힌 닭 깃털 달린 부는 것두 팔고
대나무로 만든 뱀도 팔았던 것 같고
솜사탕 장사에
번데기 장사까지
정말 풍성했지.

번데기 말야
생각나나? 리어카 가운데 연탄불을 화덕에 피워서

양은솥 올리고 순갈로 양은솥 두들기며
"뻔." "뻔." "뻔데기." "데기 데기 뻔뻔." 하던 소리.
헌 교과서 종이를 고깔처럼 말아 가지고 담아줬지.
나중에 이 원 하고 삼 원 그럴 때
고깔 크기도 가격 따라 달랐어.
생각해보니 일회용이었네 그려
번데기 담아 주던 종이 말아 만든 고깔이 말야.

고등도 삶아 팔았지
옷핀으로 빼 먹던 것,
중간에 잘라지기라도 하면
입술에 대고 소리 나도록 빨아보기도 했지 않은가?

운동회날 학교가면 어떻게 달았는지
하늘 높이 만국기 달려 있었지.
정말 그걸 보면서
생각은 세계여행하는 기분 이상이었던 것 같았지.
태극기도 세어보고

일본기도 있었어
미워도 만국기니까 빼버리면 안되나 생각하기도 했어.
육이오 참전국 국기는 어김없이 다 있었고.

운동장에는 하얀 횟가루 가지고
흰 줄 그어 놓았잖아.
그것도 나중엔 지워지지 말라고
횟가루 위에 물을 뿌렸지.

개선문도 만들었지
자기 학년 차례가 되면
음악에 맞추어 개선문 통해 운동장으로 나가고
끝나면 거기로 다시 들어오고 말야.

만국기는 언덕 위의 학교 남쪽 건물 꼭대기에서
경인도로 쪽 나무 위로 이어져 운동장을 덮었지.
그때는 운동장과 학교 남쪽 건물 사이 비탈에
소나무가 있었어.

물론 동쪽 끝자락에도 소나무 있었고
그 소나무 밑에서 운동회날 점심 먹었어.
나중에 보니 잔디가 다 짓밟혔더라고

운동회날은 특별했지.
조회할 때 매번 마이크 아니면 확성기 고장나고
그래서 조회 중간에 담당하시는 분이 뛰어 올라 가시고 그랬는데
운동회날은 미리 손 봐서 그런지
조마조마한 내 맘 알아서 그런지
마이크가 속 썩인 적 한 번뿐이었고
선생님들 얼마나 성의껏 준비하셨겠어.

대운동회날을 일등 이등 삼등
진짜 공책 세 권, 두 권, 한 권 타는 날이잖아.
소운동회 한 것 생각나나
이틀 전날 운동복 입고서
전교생이 대운동회날처럼 예행연습하고

다음날은 운동복 빨아서 깨끗이 입고 오라고

남자들 오학년 때는 곤봉하고
육학년 때는 기마전 했어.
기마전은 소운동회 포함해서
다섯 번 연습했어.
무조건 대장 말이 넘어지면 그 팀이 지는 건데
연습 때는 5:0 그래서 태익이가
구령대 앞에서 땅바닥에 엎드려 큰절 한 거 같은데
다섯 번이나 말야.
정작 대운동회날은 일반이 이겨서
이반인 좌진이가 절을 했지.
운동회 구경 오신 어른들이 모두 웃었어.
좌진이 덩치도 좋고 멋있었잖아.
절을 하니 어머님들이 다 컸네 싶으신 것 같아.
내 눈에는 그 모습이 아직도 생생해.

여학생들 부채춤은 몇 학년 때 했는지?

릴레이는 선생님도 뛰신 적 있고
상진이가 제일 빨랐지.
장애물 달리기도 하고
줄다리기로 마감했는데

나중에 다 정렬하고
우리보다 한 학년인가 위인
남자 선배 나와서 덤블링 재주넘기 하고
운동장 가운데 의자를 하늘높이 쌓아 놓고
그 위에 조심조심 올라가서
물구나무서고
몸을 비스듬히 하고
박수가 터져 나왔지.
정말 자랑스러웠는데

칠판 높이 달아 놓고
청군 백군 점수 썼잖아
분필 옆으로 해서 크고 굵은 글씨로.

청군 백군 점수 차이가 많이 난 적은 없어.
응원점수를 지는 편에 주어서 늘 아슬아슬하게 만드셨고
우리들 재미있으라고

응원은 삼삼칠 박수
앞에서 청군 백군 깃발 가지고 지휘했고
응원한다고 나무로 짝짝이 만든 생각은 나나?

그 당시 운동회 하면 도화동 잔치 아니었나?
운동회 한다고 송편도 하고 그랬으니

운동회날 제일 안타까운 건
풍선을 놓쳤을 때지.
풍선 가진 건
형이나 언니 따라온 동생들인데
그걸 꼭 쥐고 있다가 놓치면
천천히 하늘로 올라가는데
잡을 방법이 없었어.

한없이 올라가면 점처럼 작게 보였는데
어디로 가나 궁금했어.
그 풍선들 다 어디 갔을까?

그 옛날 정겹던 운동회.

가을비와 은행잎

도화초등학교 후문 근처에 은행나무가 한 그루 있었지.
나 자신도 그 존재 잘 몰랐었는데
우리가 삼학년이었을 때
며칠을 춥다가 가을비가 내리면서
갑자기 두꺼운 옷을 입어야 할 정도로
기온이 뚝 떨어진 아침 등굣길
은행나무 밑에
샛노란 은행잎이 수북하게 쌓여 있더라고.
그렇게 곱고 완벽한 노란색을 대했던

그 때의 느낌은 지금도 선명해.
아무 티 하나 없는 노오란 은행잎을
지금껏 보질 못 했어.

도화지에 그린 왕자표 크레용 노란색도
그 은행잎 색깔의 노란 빛깔은 아니었어.
그 후 몇 번의 미술 시간에
은행잎 그리는 친구들 많았는데

내가 커서 지금까지 매년 가을이면
나 어릴 적
도화초등학교 후문 가에 있던
그 은행잎을 생각하며
깨끗한 은행잎 하나 찾아보곤 하지.

도시의 은행나무 잎은 물론
깊은 산 속의 은행나무도
그 색깔을 내는 은행나무는

더 이상 찾을 수가 없더라고

가끔 그런 생각을 해 보곤 해.
그 때 내 맘은 그 때의 은행잎 같았고
지금 내 맘은 지금의 은행잎 같아진 게 아닌가 하고
호주머니에서 손 꺼내
차가운 가을 공기 뚫고 집어 들었던
영원히 내게 남아 있는 그 은행잎처럼
그 때의 맘으로 되돌아가고 싶다.

경운이의 수학여행

지금은 자동차가 많으니까 여행이 쉽지만

우리 어릴 땐 동네 밖에 나갈 기회조차 별로 없었지.

방학하면 친척집에 다녀오는 것이 가장 멀리 가 보는 것이었는데

그러니까 수학여행하면 그건 정말로 대단한 사건이지

버스 대절해서 하루 종일 차타고 가니까.

일단 동쪽에 있는 약산 넘어 구름이 간 그쪽으로 가 보는 것이잖아.

대부분의 우리들에게는 평생 처음 멀리 가 보게 되는 기회

였지.

그렇게 좋은 기회가 있어도

돈 때문에 못 가는 친구들이 반마다 여섯 일곱씩은 됐지.

사실 나도 못 갔어.

당연히 못 가는 걸로 알고 그렇게 한다고 말씀드렸지.

당시에는 가난해도 맏아들은 여행 보내고 동생은 안 보내는 집도 있었지.

우리 오학년 때 수학여행 가기 전날 비가 아주 많이 왔어.

그래서 수학여행을 갈 수 있을지 걱정했지.

다행히 아침녘에 비가 그쳐서 갈 수 있었지만

다들 못 가는 것 아닌가 하고 마음 졸였지.

그런데 우리 반 경운이는 수학여행 가는 줄 알았는데

못 가고 늦게 학교에 자습하러 왔어.

경운이가 해 준 이야기인데

가방 메고서 집을 나서는데

집에서 기르던 개가 꼬리를 흔들며

경운이 따라 오더래.

그래서 집 쪽으로 몇 발짝 가다가

빨리 도망치면 개가 또 뛰어서 쫓아오고

몇 번 되풀이하다가

집이 너무 멀어서 개가 집에 돌아가지 못할 것 같은 마음에

아예 집에까지 데려다 주고서

집결지까지 뛰어가 보았더니

아무도 없더래.

수학여행 버스가 벌써 떠난 거지 뭐.

그렇게 돼서 평생 한 번 있는 수학여행 기회를 날렸지.

자기 집 개가 길 잃을까봐서 말야.

당시 어른들은 여름이 되면 복날이다 해서

자기 집에서 기르던 개도 잡아먹기도 했는데

자기 집 개가 집 잃을까봐 수학여행도 가지 못한 경운이의 마음이 아름답지 않냐?

가을소풍

소풍하면 뭐가 떠오르지?

매번 가던 절 약사인가?

우리들이야 소풍 간다면 무조건 좋아했지.

비 올까 걱정이야 했지만

당시 엄마들에게는 소풍간다면 그건 꽤 큰 일거리였을 것 같아.

더더군다나 우리 집처럼 삼형제나 같은 학교에 다니는 집은

소풍가방도 없고

사진도 찍게 되니 옷도 신경 쓰이고
모자를 쓴 친구들도 있었고
체육복 입은 친구도 있었던 것 같은데

준비물 생각나나?
나무도시락부터 사야 하잖아.
얇은 나무를 하얀 종이에 붙여서 만든 것인데
납작 접혀 있었지.
그거 두 개가 있어야 한 조가 되거든.
하나는 뚜껑이고
하도 약해서 도시락 펴다가 나무가 갈라지기도 했잖아.
나무젓가락도 사야했고
그날은 다들 김밥 싸갔지.
김밥 싸고 뚜껑 덮고서 노란 고무줄 끼우잖아.
그러고 나서 신문지로 뒤집어 가며 싸가지고
끄트머리에 밥알 두어 개 붙여서 마무리하고

칠성 사이다도 한 병 사서 넣었고

병뚜껑 따는 것도 몇 명은 가져갔잖아.
과자도 넣고 껌도 넣고
(라면땅은 우리 졸업하고 다음해 나왔지?)
특별 용돈 10원 고이 접어 주머니에 넣고
학급회의 해서
선생님 도시락 누가 싸올 건지 정했을 때도 있었고
어머님 같이 가시면 찬합에 반찬까지 준비하기도 하고.

오학년 가을인가
문학산으로 갔잖아.
사실은 문학산이 아니라 배꼽산이라고 했지.
문학산이야 미군부대가 자리 잡고 있어서 갈 수 없었고
그 앞에 있던 산으로 학교부터 전교생 걸어서 갔지.
다들 문학산이라고 불렀어 우리가 갔던 산을

출발 전 전교생이 줄 서서
교장 선생님 훈화 듣고 출발해야지.
"소풍은 노는 게 아닙니다. 소풍은 자연 학습 하는 날입니다."

이 순간 제일 걱정은
소풍 다녀와서 글짓기 하라고 할까봐
차라리 안 가는 게 낫지
주임선생님께서 조회 지휘하셨지.

길 아는 분이 주안 사는 양태일 집 앞 지름길로 해서
마을 끝나는 데서
신기촌 논 사이로 난 비포장 신작로 들길 가로질러서
중앙도자기 옆으로 지나갔지.
거기에 화장터 있었던 것 생각나는가?
두 줄로 가다보면 밀려서 서게 되면 짜증도 나고
그러다 갑자기 빨리 가기도 하고

문학산 가는 날 임승길 선생님께서 옷을 멋지게 한 벌 뽑아 입으셨지.
선생님들은 선글라스도 끼고
우리들은 가을 잠바 많이 입었던 것 같은데
가다가 더우면 벗어 손에 쥐고 가기도 하고

아예 가방에 넣기도 했지.

우리들을 따라왔던 장사들 생각나는지?
그 먼 길을 아침부터 계속 쫓아오고
하나라도 학생에게 더 팔려고 하고
선생님들께서는 자꾸 떼어 놓으시고
돌아올 때쯤 되면 반값으로 팔기도 하고

문학산 갔을 땐 한번은
우리들 뿐이어서 아주 좋았지.
도착하면 거의 점심시간 다 되었잖아.
점심시간 전에 각 반별로 한 시간 정도 장기자랑 하면서 놀고
장기자랑이라야 다 노래지.

점심시간 되면 친한 친구들끼리 모여 점심 먹고
선생님들께서는
안 보이는 곳으로 가셔서 통닭 한 마리에 약주드셨지.
점심시간 끝날 때는 조금 취하신 분도 계시고

육학년 임원들은 보물찾기 숨기는 시간이지.
근데 난 한 번도 못 찾았어.
내가 그렇게 둔한 것도 아닌데 못 찾았다고
육학년 되도록 그 이유를 몰랐지.
왜 내가 찾기 전에 그렇게도 빨리 찾는 사람들이 있는지.

점심시간 끝나면 항상
다 같이 누구 이름을 불러야 했어.
모여 보면 없는 사람 한 두 명 꼭 있잖아.
한번은 아주 오랫동안 안 나타나는 거야.
결국 학생들 풀어서 찾아냈지.
바위 틈에서 잠들어 골아 떨어져 있었지.

오전에 학급별 장기자랑에서 각 반 대표 뽑아가지고
오후에 전교생 모여서 학급별 시합했지.
기억에 남는 대단한 끼가 있는 친구 별로 없던 것 같아.
이 때쯤이면 하나 둘씩 몰래 빠져나가서
자기 시간을 갖는 친구들도 많았지.

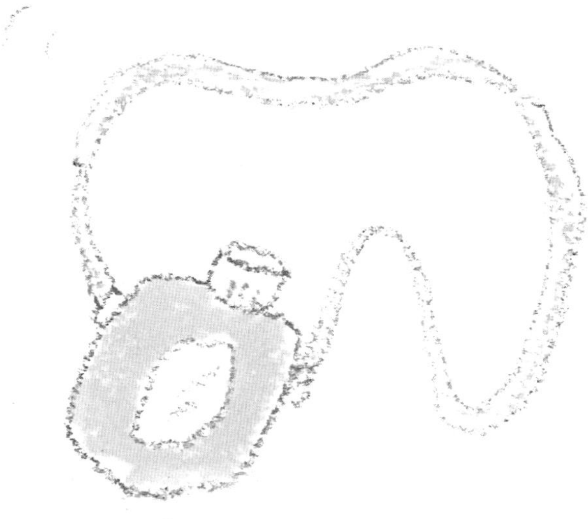

친한 친구들끼리 바위 뒤에서
언제 인원 점검하나 살피며 이야기 나누기도 하고

소풍 때 곤란한 건 화장실이었지.
계곡 내려가서 절 앞에 있는 하나뿐인 화장실 사용해야 하니까
남자들이야 온 천지가 화장실이니 그렇다 치고

여학생들 어찌했나 몰라.

몰래 빠져 나간 친구들 중엔
급히 화장지 구해서 멀리 내려가는 친구들 많이 있었지.
그 때 화장지는 도시락 쌌던 신문지 접어서 비빈 것이지
가서 보면 사방에 비슷한 친구들 있어서
자리 찾는 게 쉽지 않았을 게야.
생각해봐.
평소에 한 번도 먹지 않던 김밥에 단무지
게다가 한참 흔든 사이다까지
우릴 따라다니며 파는 번데기, 아이스께끼, 과자
배탈난 친구들 많이 있어서
소풍 끝날 때쯤이면 산 전체에
뭐 투성이었겠어?

점심시간 지나면 산에 풀들이
하도 밟히고 해서 바닥에 깔리기 시작하지.
그러면 말야 긴 풀 서로 묶어서

걸어가다 걸려서 넘어지게 여기저기 묶어 놨지.

문학산이 기억나는 건
산이 낮았지만 우리가 정상에서 볼 수 있었던
주안동, 구월동, 선학동
탁 트인 가을 들녘 때문인 것 같아.
그날 산 바로 밑에서 추수하고 있었거든
아주 작은 논에 낫을 가지고 벼 베기 하시는데
논 모양이 한반도 같이 생겼고
남쪽에서 북쪽으로 벼를 베서
마치 남한이 북한을 이겨 통일한다고
여러 친구들이 얼마만큼 베었나 자주 확인했지.

돌아오는 길은 부모님 계시면 먼저 가도 좋다고 했고
선생님 허락 얻어 버스 탄 친구들도 있었어.
주황색 항도여객 5번 버스
중앙도자기가 종점인
보통 버스보다 조금 작은 것 합승이라고 불렀지.

나머지는 선생님 인솔 하에 학교까지 돌아가지.
중간에 집이 있는 학생은 작별인사 요란했지.
기억나나 돌아오는 길엔
하도 걸어서 다리가 다 풀리고

그게 그리도 좋았길래
그 옛날 소풍이 우리들 가슴에 남아있겠지.
뭐가 그리 좋았을까.
우리 다시 소풍 가볼까?

5부

겨울

불놀이야

깡통 구하는 일이 일의 성패를 좌우했지.
그 당시에는 깡통을 구한다는 건
꽁치 통조림통을 찾아내는 일이었는데
엿장수 덕에 쉬운 일이 아니었지.
쇠붙이란 쇠붙이는 넝마, 아니면 엿장수 몫이었지.

양팔 벌린 길이의 철사를 구하고
대못 하나와 망치 그리고 부엌칼이 있어야 했어.
망치는 부모님 눈치 보일라치면

돌멩이로 대신 사용하기도 했고
아주 운이 좋으면 약간 넓은 깡통을 구할 수도 있었지.
대개는 깡통을 찾아다니는 게 아니라
이제나 저제나 기다리고 있다가
보이면 가져다 숨겨 놓았다가 사용했지.

깡통에 붙은 종이를 뜯어낼 수 있을 때까지 뜯어내고
위쪽에 달린 뚜껑 아닌 뚜껑을 제거해야 했는데
이게 위험했지.
깡통을 바닥에 놓고 두 발 안쪽으로
밀착해서 고정하고
엄마 몰래 가지고 나온 부엌칼을
깡통 위에 세로 세워서 왼손으로 칼 손잡이 잡고
오른손으로 칼 손잡이 끝을 때려서
칼끝이 깡통 뚜껑을 뚫고 들어가면
다시 뽑아서 바로 옆에 대고 반복하면서
깡통 윗부분을 따 나가다
뚜껑에 해당하는 부분이 조금 남으면

칼로 잘라낼 수도 없고
할 수 없이 손으로 그걸 잡고 흔들어
떼어내야 하는데 손을 베기 쉬웠지.
그 다음엔
깡통 뒤집어 바닥에 놓고
대못 대고 구멍을 뚫는데
힘 조절 잘못하면 깡통이 찌그러지고
못의 뾰족한 부분이 무뎌지지.
어려운 작업은 철사를 끼워 묶을 구멍을
깡통 옆에 깡통이 찌그러지지 않게 뚫는 일인데
나중에는 요령이 생겨서
깡통을 바닥에 뉘어 놓고
못을 깡통 안쪽에다 대고 바깥쪽으로 향하여
못 대가리를 때려서 구멍을 뚫었어.

꼭 연말 때쯤부터
날이 어둑해지면 나타나기 시작했지.
철길 근처에도 보였지만

내가 살던 봉동에서는
속칭 산동네라 불리던
활터 약간 아래쪽에서
계단식으로 된 여름에 밭이던 곳.

성냥은 집에서부터 가져와야 하고
불쏘시개는 종이나 마른 풀을 사용하고
작은 나뭇가지 몇 개 잘 넣어서 불붙이고
불길이 제법 일어나면
서서히 불붙은 깡통을 돌리다가
회전 속도를 올리면
불소리와 깡통 돌려나는
바람소리 어우러져
신바람 소리 일고

겨울밤의 어둠 속
검붉은 원을 그리며 흥으로 무서움 떨치고
밝은 달이 떠오르면

맘속으로 나도 몰래
나의 세계 그려보며
비잉빙 돌리고 또 돌려
화하활 활 타 오르고
지난해 남은 때 다 집어넣고 태우며
올해도 활기찬 한 해가 되어라.
돌리고 또 돌리며
불놀이야
야홋!

지금 생각해도
또 해보고 싶은
어두운 밤 불놀이.

참새 짹짹

방학은 내가 궁금해 하던 것
풀어보던 시기였지.
우리가 초등학생 때 교실에서 무슨 이야기 하다보면
자꾸 과장해서 이야기하곤 했지.
그러면 "뻥치지 마라." "구라까지 말라."고 했어.
그 중에 물고기 잡은 이야기, 참새, 꿩 잡은 이야기,
뱀 잡은 이야기 등등이 있었지.

물고기야 내가 많이 잡아 봐서

누가 뭐라고 해도 어떤 게 진짠지 구라인지
아니까 언쟁하기 싫어서 듣고만 있었지.

지금 생각하면 너무 미안한 마음 들지.
그때는 참새를 보면 돌로 맞추기도 하고
누룽치기 만들어 참새 잡으려 들기도 하고
다른 방법도 꽤나 많이 있었어.
나도 여러 마리 잡았고

교실에서 들은 이야기 중에서
궁금했던 건 손전등을
밤에 참새 집에 비추면 움직이지 못해서
그냥 잡을 수 있다는 거야.
우리도 눈에다 빛을 비추면 안 보여서 그럴 듯하게 들리더라고
방학 때 해 보기로 했는데
여름방학에는 참새가
나무 덤불하고 가로수, 향나무, 이런 데서 자는 거야.

그래서 겨울방학 때까지
또 기다려야 했지.
겨울방학 때 저녁마다 관찰하니까
초가집 처마 끝에서 쥐구멍만한 집으로 여러 마리가
들어가는 거야.

혹시 다시 나갈까봐 저녁도 못 먹고 아주 어두워질 때까지 기다렸어.

새들은 자기 직전 얕게 날아 움직여 자는 자리를 속이는 것 같았거든.

칠흑 같은 어둠이 깔리고

집에 가서 밥 먹고 손전등 하나 들고 밀가루 포대 하나 준비해서

낮에 보아 두었던 무거운 사다리

어른 몰래 어둠 속에서 비틀거리며 들고서

참새집이 있는 초가집에 소리 안 나게 세웠어.

밀가루 포대 끝은 왼쪽 바지주머니에

오른쪽 손에는 손전등 들고

소리 없이 올라가서 참새 집에 다달아서

손전등을 초가 구멍에 비추고

손을 집어넣으려는 순간

안에 있던 참새들이 갑자기 나오는 거야.

나도 참새만큼이나 놀랬지.

뭘 못 움직여

한 마리도 못 잡았다.

방향 잃고 사방으로 밤하늘을 날아가더라고

한참을 허망하게 사다리 위에서 그대로 있었지.

빈 밀가루 포대와 손전등

그리고 허망한 마음뿐이었어.

내가 교실에서 우리 반 친구들에게 들었던 이야긴 구라였던 거지.

커서 생각해 보면 곤히 자던 참새 깨워서 정말 미안하더라.

다시 사다리 갖다 놓고

어둠 속에서 집으로 와

할머니 몰래 밀가루 포대 제자리 갔다 놓았어.

지금 생각하면 참새 한 마리도 못 잡아서 다행이고

궁금하던 것 알아서 괜찮은데

그때는 헛일 한 것 같았으니

참새 잡으려는 욕심이 더 컸던 것 같아.

지금도 어둠 깔리기 시작할 때쯤 들리는

참새들의 짹짹 소리가

어릴 때의 도화동이며 고향 능내리 뒷동산을 떠올리게 한다

그리운 시절이여.

신기술

지금도 지역 간 격차가 있지만
내가 초등학생 때 방학하여 고향 강화에 가 보면
도시인 인천과 시골의 차이는 확연하게 느낄 수 있었지.
우선 전기가 우리 동네 능내리에는 나 고일 때 들어왔으니
그것 말고도 차이는 많았지.
사학년 때 인천에는 서서히 스케이트가
얼음판의 주인공으로 자리매김을 시작할 즈음
능내리엔 단 하나의 스케이트도 볼 수 없었지.
지금도 가구 수에 변화가 없는 우리 고향 동네

야트막한 뒷동산인 안산과 끝이 없어 보이는
들 건너 우뚝 솟은 마니산까지 뻗은 평야
저수지가 없어
가을걷이 끝나면 논에 물 받기 시작해서
겨울 내내 그 넓은 얼음판으로 꼬맹이들을 초대하며
은빛 겨울햇살을 반사하고 있었지.

아침나절 열시 좀 넘어 햇볕이 따듯해지면 툇마루에 올라서서
보통(아마도 특별한 주인이 없다는 뜻이 아닌가 싶다 정확한 뜻은 모른다)이라 불리던 얼음판에
누가 나왔나 한 번 쳐다보고
썰매들고 꼬챙이 들고 한걸음에 달려나가

어떤 땐 무릎 꿇고 앉아서
어떤 땐 양반다리로 앉아서
어떤 땐 반쯤 서서 꼬맹이 한 명 더 태우고 달리던 얼음판
어린 나에게는 하도 넓어서
뻔히 보이는 집이지만

얼음판 끝에서 동네를 보면
저만치 작아져 있는 집을 보고 덜컥 겁이 나고

딱 한 번 끝까지 가 보았던 얼음판
썰매타고 달리다 보면
아무도 온 사람 없었다고
얼음판이 우지직 소리 내고
그 소리에 가슴 섬뜩하고

투명한 얼음 밑으로 수도 없이 보이는
낫에 잘려 남은 벼 그루터기
한여름 풍미하고 알곡 만들어 사람들에게 주었겠지.
가끔 가끔 보이는 더디 오는 봄을 기다리는
인내심 없는 작은 붕어며 미꾸라지의 움직임이
내 썰매 쉬어가라 하던
한 겨울 솔개마저도 게으른지 제 집에서
이불 아래로 발 뻗고 있는지
얼음판엔 그림자조차 드리우지 않는 한가로운 겨울 얼음판에

우리 동네 제일 부잣집 양도우체국장 댁 큰아들
인천에서 사온 스케이트 들고 등장했지.
썰매 타던 친구들
어느새 하나 둘씩 썰매 들고
제 집으로 돌아가서는
처음 보는 스케이트 궁금해서
집집마다 툇마루에 서서 구경했어.

신발에 썰매날 달 줄 누가 생각했겠어.
썰매하면 날이 하나 있는 썰매
아주 작아서 혼자 타고,
긴 꼬챙이 하나 가지고 가랑이 사이로
꼬챙이질 하기도 하고
썰매 만들 땐 날을 철사로 만들기도 했지.

아무튼
다음 날부터 점심 때까지
궁금증 이기지 못하고 집집이 툇마루에 서서

구경하는 걸로 그 넓은 얼음 은쟁반
단 하나의 스케이트에게 공연장으로 내어주고
하루하루 지날 때마다 툇마루에 사람들 늘어가고
나중엔 어른들까지 괜히 나와서
얼음판 가까이 지나가는 마을 앞길 걸어가기도 하고.

자연스레 썰매 시간은 점심 지나고였지.
어느덧 그렇게 자리잡아 가던 때
스케이트 타는 걸 인천에서 보았던 난
언제 서서 스케이트 타나
모퉁이 돌기는 언제 연습 시작하려나 하고 있었는데
일주일이 지나도 간신히 일어설 뿐
스케이트 날 하나로 서지도 못하는 거야.
하기야 타는 걸 봤어, 누가 가르치길 해
지금 생각하면 당연하지.
일주일이 지나도 스케이트 타고 가질 못하는 거야.

시간이 흐르면서

썰매 주인공들의 분위기는 예전의 활기를 되찾았지.
다만 오전 시간을
하나의 스케이트를 위해 얼음판을 공연장으로 내 주는 건
변함이 없었지만.

그러던 어느 날 갑자기
우체국장 아들이 스케이트 신고
썰매보다 빨리 달리기 시작했어.
변화는 단 하루 만에 일어났지.
와 빠르더라고
매일 넘어지면서 혼자 터득한 신기술
스케이트 신고 쪼그려 앉아서
꼬챙이 가지고 썰매를 타듯 달리는 거야.
1960년대 말 새로 나온 스케이트 타기
스케이트 그렇게 타는 거였어 우리 고향 능내리에서는.

미꾸라지

2월이면 추운 게 좀 지겹잖아
아주 따듯하다가도 갑자기 추워지고

내가 초등학생 때였어.
개학하기 직전인데 날씨가 갑자기 따듯해져서
견디지 못하고 밖에 나갔었지.
이렇게 따듯하면 얼음판은 녹기 시작해서
얼음 위로 물이 흐르고 넘어지면 옷이 젖었지.

썰매와 스케이트 타기가
마지막 날일 듯 따듯하던 날
스케이트장 옆 논에 어른들 대여섯 명이
둥글게 얼음 위에 서서 뭘 하고 계신 거야.
가 보았지.
반쯤 녹은 얼음판에다
직경 30cm정도 구멍을 뚫고
다섯 아저씨가 구멍을 둥글게 둘러싸고는
얼음을 출렁거려서 논의 물을 얼음 위로 나오게 하더라고.

순간 내 눈을 의심할 만한 일이 벌어졌어
얼음판이 한 번 출렁일 때마다
물이 올라오고 물이 올라올 때마다 물을 따라서
미꾸라지가 서너 마리씩 얼음판 위로 올라오는 거야.
십 분, 이십 분, 삼십 분을 계속 하시더니
세숫대야에 미꾸라지를 금방 채우고는 사라지는 거야.
그 당시 겨울에 뭐 먹을 게 있었어.
집에 미꾸라지 가져 가셨으니
추어탕 맛나게 한 끼 드셨겠지.

지금까지도 그때보다 쉽게 미꾸라지 잡는 걸 본 적이 없어.
게다가 겨우내 굶어서 뱃속은 깨끗할 거고
한 번 잡아보고 싶은 생각이 들어
얼음판에 나가보면
미꾸라지 보이지도 않고
춥기는 왜 그렇게 추운지
그러고 보면 우리 어릴 땐 추운 것도 잘 참았던 것 같고
그래도 한번쯤 잡아보고 싶다.

예술 작품

늦게 잠드는 친구들도 많이 있는 것도 같고
나이 들면서 잠이 안 온다고 하지.

그런데 생각해봐
우리 어릴 때야 자다가
오줌 싸서 이불 적셔서 혼났잖아
키 뒤집어쓰고 소금 받으러 다닌
친구 이야긴 못 들었지만
널어 놓은 이불이 뭘 말하겠어.

그 두꺼운 이불에
지도 그려 놓았으니
이불솜에 냄새하고
이불 겉청 다 뜯어 빨아야 하고
다시 꿰매야 하고
어머님들 얼마나 속상했겠어.

자면서 오줌을 쌀 정도니
얼마나 깊이 잠든 거야.
그땐 어찌 그리 깊은 잠 잘 수 있었을까?
풀 먹인 하얀 무명이불
장롱 속이나 반다지 위에서 꺼내어
아랫목부터 윗목까지 깔아놓고
내복 입은 채로 이불 속에 들어가면
이불이 얼마나 차가웠어.

몸은 잔뜩 구부린 채로 움직이지 않고
이불 속에 있다가 체온으로 조금씩 이불 따듯해지면

몸도 조금씩 펴가며 편한 자세로 바뀌면서
잠들어 아주 곯아떨어지지
그러니 불면증이라는 걸 어떻게 들어봐.
자다가 도둑이 들어도 모르고 잠만 잘 잤지.

아랫목에 이불 하나 깔아놓고
밖에서 들어오면
손하고 발부터 녹였지.
당시에야 손 트는 건 거의 기본이고
발에 동상도 걸리곤 했지.

김장 끝내고 나면
연탄 들여 놓고
문에다 문풍지 바르고
창호지 길게 잘라서
반으로 접어서 문틀과 문 사이에
바람 들어오지 못하게
문에다 풀칠해서 붙였잖아.

창문 창호지 찢어지면
창호지 오려 붙이고
그런 것들이 월동준비 아니었나.
땅 파서 김장독 묻고
무 묻어 놓고

방에 자그마한 유리창 하나씩 있었지.
아침 햇살에 눈부시어 잠 깨면
멋진 예술작품 감상할 수 있었지.
유리창에 낀 성에
누가 그 아름다운 작품을 만들 수 있겠어 .
가까이 가까이 들여다보면 볼수록
아름다운 그 모습
햇살에 찬란히 빛나는 판잣집 유리창의 예술품.
연하디 연한 새하얀 나뭇가지
가난한 가정마다
자연이 베풀어준 선물.

스케이트 타러가자

우리가 초등학생 때에는 여름엔 놀 거리가 많고
겨울엔 추워서 집에 있으니까 방학 숙제를
여름방학 때보다 더 내 준다고 하셨지.
방학 시작해서 처음에는 방학 숙제도
조금씩 하면서 놀았지만
숙제야 늘 개학 일주일 앞두고 했던 것 같아.

우리가 초등학교 저학년 때에는 썰매
고학년 때에는 스케이트가 등장했지 아마

내 경우는 고등학교 졸업하고 첫 겨울에
돈 벌어 가지고 스케이트 사서
늦은 나이에 배웠으니….

그냥 썰매 타던 논에다
스케이트 등장하면서
돈 받고 입장시키고
스케이트 타는 사람이 많아지면서
스케이트장에 공설운동장 트랙처럼
얼음판이 운동장같은 모양으로 자리 잡아갔지.
그런데 한 동네에 얼음판이 두 개씩 생겨도
늘 사람이 많이 몰리는 얼음판은 항상 사람이 많았었지.
종일 스케이트 타면 얼음판이 스케이트 날에 긁히고 갈라져서
해 지고 추워지면 스케이트장 주인이
커다란 합판으로 얼음조각을 밀어내어
트랙의 경계를 쌓고
얼음판 바닥에 곡괭이로 뚫어서 물을 퍼서 얼음판을 덮어서 밤새 새로 얼렸지.

얼음판 구석에서 스케이트 날 갈아주는 사람도 있었던 것 같고

어김없이 먹을거리 장사들도 있었는데

긴 막대의자도 있어서 한참 타다가 힘들면 앉아 쉬면서

뭘 사먹은 것 같은데 난 무얼 팔았는지는 전혀 몰라.

스케이트 없이 그냥 궁금해서

몇 번 가보기도 했었는데

대부분 남자들이고

피겨 스케이트 타는 여자들도 가끔 있어서

눈길을 꽤 끌었던 것 같아.

피겨 스케이트 타던 동작이 눈에 유독 띄었지.

당시에 벙어리장갑하고

까만 귀마개가 꽤나 유행했던 것 같아.

안쪽에 흰 털(아마 토끼털 아닌가 싶어) 있고

두 개가 까만 고무줄로 연결되어 있고

스케이트 갈아 신고

스케이트 주머니에 신발

벗어 넣은 것 같은데

우리가 삼학년 때인가 주안초등학교 운동장에

방학 동안 얼음판 만들었다는 이야길 들었는데

그 다음해 우리 도화초등학교 운동장에도

스케이트장 만들었던 것 같고

나야 스케이트 없어서
썰매 가지고 달빛 밤에
스케이트장 가서 타기도 했지만
그렇게 모두가 한 가지를 즐길 수 있었던
그 시절이 있었기에
우리가 세월 뛰어넘어 지금 만나도 서로 통하는 것 아닌가.

스케이트 타러 다같이 가 보았으면 좋겠다.

산동네 눈썰매

눈 내린 수봉산동네 길고 긴 내리막길
아이들은 눈 모아
길 위에 두툼하게 덮어놓고
동네 꼭대기서 마을 끝 아래까지
눈썰매 꼭 잡고
미끄럼 타고

동네 무서운 할아버지
이놈들 하고 빗자루로

힘에 부쳐 반쯤 쓸어버리고
할아버지 뒷모습 사라지면
판잣집 골목에서 숨어 보던 아이들 나와
눈 담아 다시 길 덮고
불로 살짝 달구어 반쯤 구부러뜨린 대나무 가지에 올라타고
누구는 세숫대야 몰래 가지고 나와 올라타고
또 누군 비료포대 움켜진 벙어리장갑 눈 범벅인 채
넘어져야 더 신나서
깔깔대던 산언덕 눈썰매.

아이들은
눈 내려라 눈 내려라
추워야 좋은 겨울
눈 내리고 눈 또 내려야 더 신나는 겨울.

단 한 가지도
같은 생각 없이
아니 생각은 지구 반대편 끝에서

겨울 내내
아이들은 할아버지 생각만
할아버지는 아이들 생각만

모두가 사라진 산언덕 골목길
미끄럼 타던 아이들은
지금 어디서 무얼 할까.
하얀 수염 달린 할아버지
바삐 가신 하늘에서
있는 힘 다해
오늘도 펑펑 눈을 내리 붓는다.

형의 솔방울 줍기

형이 조산초등학교에서 돌아오면
으레 학교에서 있었던 이야길 내게 해 주었다.
하기야 어른들은 모두 들에 일하러 나갔고
유치원도 없는 섬마을에서
집을 지키는 건 늘 내 몫이었으니

내가 형 이야기에 관심이 있었는지는 알 수 없지만
지금도 또렷하게 기억나는 이야기가 있다.
쌀쌀한 늦가을 날

학급에서 미술시간에 학교 뒷산 진강산으로
솔방울 주우러 갔었다고 했다.

마른 솔방울은 난로 피울 때 불쏘시개로는
더할 나위 없이 좋았었기에
솔방울 주우러 간다는 이야기는 들었었는데
드디어 형도 갔었다는 것이다.

그때가 형이 조산초등학교 이학년 때였으니
일학년 때에는 어려서 안 갔을 터이고
아마 그날 처음 갔었나 보다.

솔방울을 조금 줍다가 갑자기 토끼를 발견해서
그 토끼를 잡으려고
반 학생들이 둥글게 원을 만들고 좁혀 들어갔다고 했다.
"형! 그래서 잡았어?"
궁금해서 물었다. 그런데
형은 내 질문에 답하지 않았다
"토끼가 얼마나 빠른지 알아?"
"오토바이보다 빨라?"

그날도 다음날도
난 한동안 토끼가 오토바이보다 빠르단 이야길
수도 없이 들어야 했다.

그래 우리 형이 아는 한
오토바이가 제일 빨랐다.

6부

옛이야기

채변봉투

가난하고 어려운 시절
국가에서 신경 많이 써서 예방주사도
꼭 챙겨서 놓아 주고
외국에 있을 때 알았는데
우리나라가 국민보건에는 제일 모범 국가더라고.

그 시절 예방 주사만 있었나.
다들 생각나겠지
'채변 봉투'

조그만 종이봉투 속에 깨끗한 비닐봉투
한쪽 끝은 촛불로 살짝 녹여 붙여 만든 작은 비닐봉투
겉봉투인 종이봉투에는 학년 반 번호 이름 적어야 했고
비닐봉투에는
그래 채변을 해야 했지.
한 번은 봉투 대신
성냥갑처럼 생긴 것 나누어 주신 적도 있고
말이 좋아 채변이지 그대로 이야기하면
비닐 봉투에 자기 똥 담아서
학교에 내는 거잖아.

다들 변소라고 했지.
화장실이라는 말이 낯설던 시절이지
화장실 구조 생각나는가.
아주 간단한 구조
그 당시야 집에서 요강 쓰지 않는 집 없었을 걸.

회충, 촌충, 십이지장충, 편충이

당시 조사대상이었지 아마
회충약이라고 불렀지.
약이 얼마나 독했냐면
얼굴이 노래지고 어지러웠지.
어느 해는 교실에서 수업시간에 수업 대신
담임선생님 앞에 선 채로
그 자리에서 약을 먹어야 했어.
교실에 있던 물컵에 주번이 물 따라주고.

오학년 때였는지?
회충약이 밀크캐러멜처럼 생긴 걸로
나누어 주고 하루에 하나씩 먹으라고 했지.
맛은 좋았는데 독하긴 마찬가지여서
먹으면 어지러웠어.
우리 동창 진식이 있잖아 캐러멜(회충약)
하루에 다 먹었대.
세숫대야의 물도 노랗고 세상이 다 노랗다나 어쨌다나.

채변 할 때 말야.
화장실에 신문지 펴 놓고
엉덩이 틀어서 성공(?)하고 나면
성냥개비로 얼굴 찡그린 채
푹 찔러서…
콩알 만하게 떠오라고 하셨는데
어떤 친구는 아예 성냥개비까지 함께 집어넣고,

학교에 가져오라고 하면
매일 잊고서 그냥 오는 친구들 있잖아.
삼 일째에는 결국 매 맞는 친구도 생기고

근데 담임선생님께서
교실에서 약 먹으라고 하시는데
안 먹는 친구가 우리 반에 한 명 있었어.
회충, 촌충, 십이지장충, 편충이 다 나와서
약이 너무 많았거든.
선생님께서 화를 내시니까

188 바보

뒤로 자꾸 물러나면서 약을 안 먹는 거야.
약 먹는 게 싫어서 그러는 줄 알았어.
결국 고백하더군
사정이 있었던 거야.
채변 매일 잊고서 못 가져와 매 맞게 되니까
화장실에서 떠 왔다는 거야.
회충, 촌충, 편충, 십이지장충 다 나오는 거야 당연지사.

전교 채변 다 수집 하면
지금이야 자동차에 실어 가져가겠지.
당시에는 상자에 담아서 보자기에 싸 가지고
보건소 여직원인 간호원(현 간호사)이나 보조 간호원이
머리에 이고 가지.
버스 정거장에서 그 상자를 놓고 버스를 기다리다
잠시 자리를 비운 사이 보따리가 없어진 거야.
떡 보따린 줄 알고 집어 갔다나.

지금이야 화학비료를 주기도 하지만

그 시절이야 밭에 주는 거름의 전부가 인분이나
가축에서 나온 변이 대부분이었으니
기생충이 많은 건 어쩔 수 없었겠지.
기생충 박멸 우수국가에서 자란 우리들
그래도 그 덕분에 지금 건강하게 살고 있는 건 아닌지.
물컵 들고 줄 서서 약 먹던
그 옛날 그 시절.

뽑기하다 국자 태워 엄마한테 혼난 사람

동창친구들과 마니산 갔다가 저녁 먹고 동막 해수욕장 갔는데

"아이스께끼이." 하는 소리 들렸어.

통은 옛날 거 비슷하더라고

다 같이 옛날 생각했지.

생각나는가? 연탄불 위에

국자 올려놓고 하얀 돌처럼 생긴 거

국자에 넣고서

길다란 대나무 젓가락으로

눌러가며 돌려가며
거품내서
색깔 노릇해지면
반질반질한 철판 위에
쏟아 엎어 놓고
작은 막대에 동그란 양철판
덧대서 만든 것 가지고 눌러서
납작하게 한 다음
별 모양 다시 한 번 살짝 눌러
건네받고

어떤 놈은 그 자리에서
또 다른 놈은 모퉁이 돌아가서
바늘에 침 묻혀서
별 모양대로 잘라서
공짜로 하나 더 먹겠다고
여기저기 무릎 맞대고
엉덩이 보여 주던 모습.

긴 겨울방학이면

엄마 안 계실 때 몰래 그 맛보려고

부엌에서 언니, 동생과

달그락달그락 대면서

빨리 맛있게 먹고

감쪽같이 씻어놓으려 하다가

맨 처음 것부터
거품도 나기 전에
국자에 눌어붙기 시작하고

국자에 달라붙은 거
조금이라도 떼어 맛보면서
국자 어떻게 닦나 걱정에
숙제 못해
선생님 앞에 불려나간
심정과 다를 것도 없고

나름대로 최선 다해 닦아서
있던 자리
그대로 갖다 놓았건만
조용히 불러 묻고 꾸중하면
그나마 얼마나 좋으련만

아빠 알고

건넌방 식구들 다 알아 들을 수 있는

목소리로 꾸중 들은 불쌍한 내 친구들

이번 주말에 엄마에게 뽑기 한 번 해 드려라.

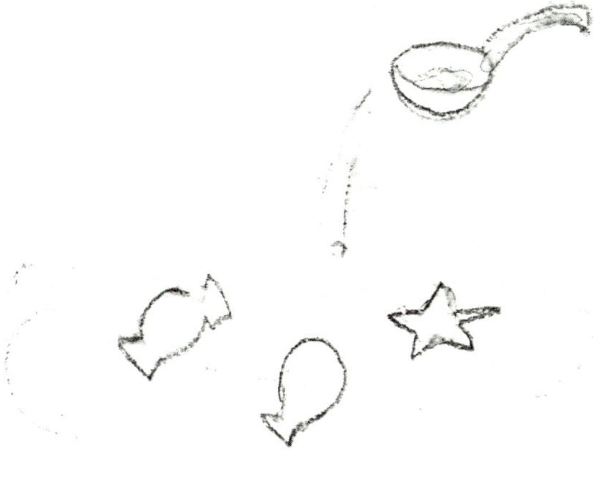

아줌마가 궁금했던 것

당시만 해도 수돗물은 대도시에만 있었습니다.

인천 인구도 49만(당시 사회교과서 책에 기술된 내용)인 4대 도시여서 우리는 수도 혜택을 받았습니다.

수도라야 한 집에 하나 앞마당에 있었고

땅이 패이는 걸 막고자 수도 밑에 큰 돌을 놓았습니다.

나중에 콘크리트가 등장하여 집집이 네모 반듯하게 공사를 했습니다.

아침이면 세숫대야에 물을 받아서 동산다이알 비누를 사용해

세수를 했는데 나중에는 부엌에도 수도 공사를 했습니다.

담장과 집벽 사이를 파고 다시 부엌문 밑을 기소 밑까지 파서 공사를 했습니다.

연탄에 늘 솥 하나를 걸고 거기에 물을 부어 따듯한 물을 사용할 수 있었는데

사용방식은 늘 같은 과정의 되풀입니다.

물 한 바가지 떠내어 세숫대야에 붓고는 찬물 한 바가지 부어 미지근하게 해 놓고

다시 솥에 찬물 한 바가지 채워 놓았습니다.

솥에 물이 마르면 솥이 타서 바닥이 떨어져나가기 때문입니다.

겨울에 세수를 부엌에서 할 수 있다는 것이

사실 큰 변화를 주었던 것 같습니다.

부엌에 수도가 없을 때에는 남자들 손등이

겨울마다 터서 물에 닿으면 쓰라렸습니다.

물론 손등으로 흐르는 콧물을 씻은 탓도 있을 겁니다.

겨울이면 목욕하는 일은 무척 귀찮은 일이었습니다.

커다란 대야에 물 부어 놓고 나중에 몸 깨끗이 헹굴 물을 남겨놓았습니다.

보통 빨래를 삶는 양동이보다

조금 큰 노란 물그릇을 주로 사용했습니다.

목욕할 때에는 부엌은 허옇게 김으로 꽉 찼습니다.

어느 날 목욕탕이 생겼습니다. 대중목욕탕 말입니다.

커다란 건물에 붉은 벽돌로 굴뚝 쌓고

하얀 타일로 도화목욕탕이라고 세로로 굴뚝 네 면에 모두 써 놓았습니다.

물론 맨 위에는 목욕탕을 뜻하는 온천표식 역시 흰 타일을 사용하여 그려 놓았습니다.

대문 옆방에 월세 사는 근영이네가 우리 동네에서 젤 먼저 목욕탕에 갔습니다.

우리 동네에서 두 번째 목욕탕에 간 집도 근영이네였는데

근영이는 여섯 살이지만 조금 커서 초등학교 일학년만큼 컸습니다.

근영이 엄마는 목욕탕에 다녀온 거를 자랑만 했지 목욕탕에 대해서 설명해 주지 않았습니다.

남편들이 일 나가면 아줌마들이 삶은 고구마 바가지를 뒤로 두고 마루에 걸터앉아서

이 이야기 저 이야기를 했습니다.

어떤 이는 조금 먼 데서 마실 온 겁니다.

모두들 새로 생긴 목욕탕이 궁금했는데 돈 때문에 아직 못 가 봤습니다.

처음에는 제물포에 하나, 나중에 남구청 아래 하나, 그게 전부였습니다.

그러던 어느 날 좋은 기회가 왔습니다.

근영이는 남자아이였는데

첫날은 엄마를 따라서 여탕 갔었고,

둘째 번에는 덩치 큰 녀석이 아줌마를 자꾸 바라본다고

근영엄마가 몇 마디 들어서

아버지가 데리고 남탕으로 갔습니다.

근영이 꼬추라야 새끼손가락보다 작았지만
그래도 아줌마를 바라보는 눈길이 남자 눈길이었나 봅니다.

그 시절 있었던 다른 이야기 하나 소개하렵니다.
남자아이를 아버지 손에 남탕으로 보내며 하는
엄마의 당부는
"빨리 나오지 말고 끝까지 때 잘 닦아라."라는 거였습니다.
아줌마들은 그 속에서 빨래하지 않는 사람 없다고 들었는데
남탕 풍경은 영 다릅니다.
30분 지나서 아버지가 아들에게 "가자." 했더니
아들이 아버지에게 되물었습니다.
"벌써 나가면 엄마한테 혼나잖아요? 아빠 괜찮아요?"

위에 말한 좋은 기회는
근영이를 두고 근영엄마가 대문 밖으로 나간 때입니다.
아줌마 한 분이 근영이에게 목욕탕에 대해
조금 조심스러워하면서 급히 물었습니다.
"너어 목욕탕 안에서 본 것좀 얘기 해볼래."

근영이는 자기가 본 것 중 가장 인상적인 걸 먼저 이야기 했습니다.

"아저씨들 *ㅏ*ㅣ가 되게 커요."

손으로 그 크기를 재어 보이며

"우리 아빠도 이만 하고요, 어떤 아저씨 꺼는 요…."

근영이는 아줌마들이 궁금해 하는 걸 평소에도 알고 있었나 봅니다.

그 순간 아줌마들은 아무도 서로를 바라보지 못했고

아무도 제지하지 못했는지 안했는지는 모르겠지만

근영이의 목욕탕에서 처음 본 강한 인상

자기 거와 다른 점

털까지 설명하고 있었습니다.

사실 근영이는 거기서 그친 것이 아니었습니다.

그 날 아줌마들의 반응을 어떻게 느꼈는지

동네방네 돌아다니며 묻지 않아도 같은 설명을 하고 다녔습니다.

아줌마들한테 말입니다.

내가 본 그 사건의 마지막은 근영이가 엄마한테

속된 표현으로

뒈지게 맞는 소리와 화난 엄마의 음성이 부엌문을 뚫고 나오는 소리였습니다.

어린이 음악대

가을바람 차가워 추워지면
어른들은 겨울 걱정하고
어느 집은 제재소에서 파목 사다가 땔감으로 쌓아 놓고
몇몇 집은 연탄을 사서 들여놓았지.
구멍이 열아홉 개라서 19공탄

이때쯤이면 어김없이 학교에서는
불조심 강조 기간이라고
가슴에 달았던 표어 가로 삼 센티, 세로 팔 센티인

흰 종이로 만들고 끄트머리 삼각형 오려내고
그 위에 세로로 '불조심'이라고
때로는 선생님이 써 주시기도 하고
학급에서 글 잘 쓰는 친구가 여러 개씩 쓰기도 하다가
사학년 때에는 등사해서 오려주기도 하고
오륙학년 때에는 흰 헝겊에 스탬프로 찍은 것
나누어 주셨는데
이삼 일 지나면 헝겊 올이 풀리기도 했지
실핀 사용하기도 하고 옷핀 사용하기도 하고

어김없이 미술 시간은 불조심 포스터 그리기 해야 했고
그림을 아주 못 그리는 나는
포스터는 네 가지 이하의 원색 색깔을 사용하라고 했던 것 같아 조금 견딜만 했어.
색이 적으니 못 그리는 것 티가 적게 나는 것 같아서
불은 빨간색, 타고 남은 집은 검정색
성냥개비와 성냥갑도 단골 등장
도화지 위나 아래에 글자도 그려 넣었지 않았나?

그때 사용하던 작은 성냥갑 생각나는가.
터널식으로 밀어서 열던 것

표어도 적어내라고 했지
"자나 깨나 불조심 꺼진 불도 다시보자."
교실 벽에 세로로 붙여놓고
우수 작품 표창도 하고

집이 목재로 지어져 있어서
또 성냥이며 담뱃불 모닥불 등등으로
불이 많이 났잖아.
전기 누전으로 우리가 초등학교 입학하던 해
입학 일주일 남겨놓고 학교교실이 불나고 말아.

소방서가 숭의동에 있었어.
소방서에 망루라는 게 있어서
어디서 불이 나나 감시하다가 불길 보고 소방차 출동하고
나중에야 전화 사용했지만 전화가 어디 흔했나.

우리 일학년 때 버스삯이 삼 원,
쌀 한 가마(80kg) 삼천 원.
전화 설치비 삼만 원이었던 걸로 기억해.
전화가 거의 없었단 얘기지.
서울 용산소방서 망루는 꽤나 높던데
1980년 돼서야 없어진 걸

찬바람 부는 늦가을
난 일요일마다
항상 좋은 소식 기다리는 사람처럼 지내곤 했어.
일 년에 단 한 번이어서 놓치면
일 년을 기다려야 하니까.

이날은 소방차들이 다 나와서
경인도로를 아주 천천히 가고
광대처럼 분장한 사람들이 뒤따르고
그 뒤에 인천 기계공고 밴드부가 뒤따랐지.
일종의 불조심 홍보를 하러

경인도로에서 퍼레이드를 펼친 것인데
두 대의 커다란 소방차와 한 대의 작은 소방차
다 나왔는데 불나면 어떡하지 하는 걱정되기도 했어.

밴드부 발맞추어 행진하다가
흰 장갑 낀 지휘자가
수술 달린 지휘봉을 호각소리와 함께 멋지게 두어 바퀴 돌리고
전체가 발 구르고 나팔 불면서 행진하면
정말 멋있었어.
빰 빠라바빠 빠빰 빠빰~
나팔 한 곡만 불고 그 다음엔 작은 북만 치고
발맞추어 행진하면
한 곡 더 듣고 싶어서 제물포 쪽으로 쫓아가서 한 곡 더 들었지.
그때는 왜 나팔을 계속 불지 않나 했어.
그게 그렇게 힘든 건 줄도 몰랐고
우리 동네만 지나가는 것도 아니니
나중에야 이해갔지.

소방차 가장행렬 밴드부 지나가고 나면
나팔소리 여운이 계속 남아서
동네마다 나팔손이 등장했지.
남자아이들 서너 명이 줄지어서
걸어가며 두 손을 입술 앞에 대고서
꼬마 음악대가 행진을 합니다.
"따따따 주먹손으로
따따따 나팔 붑니다
우리들은 어린 음악대
동네 안에 제일가지요."

삼십 년이 지나도 사십 년이 지나도
청대골, 쑥골, 아랫말, 윗말 할 것 없이
우리 가슴에서 행진하는 도화어린이 꼬마 음악대의 행진.

광복절

광복절은 태극기 달고
애향단 활동하는 날입니다.

애향단 활동이 뭐냐고요?
여름방학 중 소집일 같은 날로
아랫말 사람은 아랫말 사람끼리
윗말 사람은 윗말 사람끼리 모여서
국민체조하고 동네 청소하는 날입니다.

우리 초등학교 때 배웠습니다.
광복되던 날
마을마다 골목마다 전국 방방곡곡
태극기 들고 나와 달렸다고
얼마나 기뻤을지?
굉장히 기뻤을 것 같았습니다.

바른생활 시간이면 좀 삐딱했던 것이
나였습니다.
아니 어쩌면 정말 바른 생각만 하고 있었습니다.
나는 시골구석에서 컸습니다.
라디오도 없고….
조국이 광복된 것을 당일에 알 방법이 없는데
상상을 해 보면 우리 고향 동네만
당일 알기 어려웠던 건 아닐 거란 생각이 들었습니다.
선생님께서는 계속 과장하고 있다고 여겨졌습니다.

방학을 기다렸습니다.
시골에 도착하자마자

할아버지에게 거두절미하고 여쭈어 보았습니다.
"할아버지 광복되던 날 태극기 들고 동네 뛰어다니셨어요?"
"아니."
"그럼요?"
"대포 한잔 했지."

커서 생각 해 보니
할아버지는 굉장히 기쁠 때 대포 한 잔 하셨습니다.
광복된 것을 무척 기뻐하셨던 것 맞습니다.

도덕 또는 바른생활 성적은 유달리 나빴습니다.
난 진실된 교육이 가장 훌륭한 교육이라고 생각합니다.
초등학교 선생님을 걱정 많이 하며 살아왔습니다.

이런 일로 놀란 적이 많이 있는데….
오늘은 광복절이라
그 얼마나 기쁜 광복절이라
태극기를 달고 다함께
대한민국 만세 만세 만만세입니다.

※대포: 대포는 옛날 술마시는 것을 뜻함.

할머니의 보따리와 차장

강화읍에서 마니산 밑 화도장터까지
완행버스가 하루 몇 번 왕복했었지.

할아버지 할머니가 나중에 이사가서 살던 곳은 하일장터
그러니까 종점인 화도까지는
작은 고개 하나 넘고
너른 들판 하나만 지나면 됐지.

하일장터에서 버스 기다리는 사람들은

화도 갈 때는 읍에서 오는 버스가
하우고개를 힘겹게 넘을 때
부웅 부으응거리는 소리 듣고
미리 알 수 있었지.
읍으로 갈 때는 능안고개 넘는 소리 듣고 미리 알고
집에서 기다리다 얼른 나오고

버스가 장터에 서면
장터를 둘러싼 집집이
문 열고 고개를 주욱 뽑아
누가 왔나 살펴보곤 했지.
그때야 이웃집 사정 서로 다 알고 지내던 시절이니

흙먼지 일으키고 버스가 서면
차장이 먼저 내리고
승객들이 짐보따리 하나 둘씩 들고 내렸지.

지금은 '안내양'이라고 하지만 그땐 '차장'이라고 했지.

차장이 맞는다고
차를 '가라' '서라' 하는 건 차장 맘이고
운전은 차장이 시키는 대로 운전수가 했으니
왜 있잖아 '오라이(all right)!' 외치면
차가 출발 했잖아.
차에서 우두머리를 차장이라 부르는 게 당연하지.

근데 버스에서 보면 눈길을 끄는 장면이 있었어.
차장이 차비를 달라고 하면
할머니들은 치마를 들어 올려서
치마 속 흰 고쟁이에 있는
커다란 주머니 깊이에서 접힌 돈을 꺼내 주시는 거야.
치마를 들어 올리는 모습이 좀 민망했어.

그보다 한 술 더 떠는 경우도 많았지.
치마를 들추고 고쟁이 주머니에 손을 넣고는
돈이 없다는 거야.
차장으로선 난감 할 수밖에.

다음 장면이 궁금했어.
차장이 뭐라 할머니에게 이야기하고는
재촉하니
할머니가 할 수 없다는 듯이
보따리는 차장에게 주고
차비는 안내고 빈 몸으로 내리시더라고

손님을 다 내려놓고는
다시 흙먼지 일으키며 버스는 다시 떠나고
그렇게 끝난 줄 알았지 뭐.
한 시간쯤 지나서
화도에 나갔던 버스가 다시 읍으로 들어가려고
하일장터에 도착했을 때
아까 그 할머니가 버스에 다시 가셔서
보따리를 받으시는 거야.

차장이 차비 가지고 오시라면서
이따 차 돌아올 때 차비 가져와야 보따리 내드린다고

가지고 있었던 거지.
어떤 할머니는 돈 없다고
그냥 보따리 달라고 하기도 하고
지금 생각해 보면
말도 안 되는 생떼인데

손님이 돼지새끼 안고 타면
복이 온다고 차장이 좋아하고
덩달아 손님들도 좋아하고
닭은 차에 안 태워 주어서
종이 상자에 넣어서 보자기로 싸 가지고 몰래 탔는데
그만 차가 덜컹댈 때 꼬꼬댁 소리 나서 들켜서
차장한테
이런 것 가지고 타면 어찌 하냐고 한마디 듣고
강아지도 몰래 가지고 타고
장이 서는 날이면
별의 별 짐 다 가지고 탔었지
한 사람이 짐을 너무 많이 가지고 탔다고

차비를 한 사람 반 값 받기도 하고

그래도 그 시절이
사람끼리 부대끼고
사람 사는 냄새나는 것 같아서 그립다.

도화동 연가

아랫말, 윗말, 쑥골…

이집 저집 굴뚝에서 저녁 짓는

하얀 연기 솔솔 피어나기 시작할 때쯤이면

고무줄놀이, 비석치기, 소꿉장난, 제기차기, 제일 신나지.

"밥 먹어라."

정겹게 부르시는 목소리도

더 놀고 싶은 아쉬움 달랠 수야 없지만

어김없이

이 골목 저 골목 아이들이 사라지고
백열전등 불빛 집집마다 하나 둘씩
창문으로 비치고
오란도란 작은 밥상에
크고 작은 식구 모여 식사하면
서서히 내리기 시작하던 도화동의 어둠이
어느덧 수봉산마저 삼켜버리고

가로등 하나 없는 골목에
누가 약속했는지
가을밤 술래잡기 재미있지
빼에엑 하던 마지막 증기 기차
제 잘 곳 찾아가고
경인국도 빈 길에 별빛만 쏟아지는 도화동의 밤

늦은 밤 귀가하시는 어느 댁 가장
술 취한 발자국 소리에
밤 언덕 도화동에 메아리치는

멍멍이들 짖는 소리

지금도 내 귓가에

도화동 교향곡이 되어 남아 있네.

추천의 글 그리고 작은 회상

아이오아 강변을 따라 양쪽에 자리 잡은 대학의 캠퍼스는 늘 조용하였다. 그 강변 오리새끼들이 어미 오리를 따라 다니는 모습은 예뻤다. 사람들이 먹이를 가지고 이리저리 옮겨 다닐 때마다 종종걸음으로 그 뒤를 쫓아가는 풍경은 정말 한가롭고 평화롭기 그지없었다. 종종 점심시간에 강가에 나가 멈춘 듯 흐르는 고요한 강물을 바라보며 사색에 잠기기도 하고 오리들과 한동안 시간을 보내기도 했었는데, 생각해보니 벌써 십 년도 훨씬 넘은 시절이 되었다.

내가 당시 박사과정 중이던 정의채 박사를 만난 곳이 바로 미국에 있는 아이오아대학 캠퍼스였다. 파아란 하늘, 고요한 강변, 드문드문 바로크 양식의 건물들이 서있고 이따금 잔디밭에서 공을 차는 학생들과 때론 긴 머리의 히피족들과 마주

치면서 우리는 그 곳에서 보물섬을 찾아 떠나는 어린아이들처럼 미지의 세계를 꿈꾸며 함께 시간을 보냈었다.

그때의 추억을 모두 담아낼 수는 없으나 그 당시 내가 처음 본 정의채는 순수 청년, 열렬한 인도주의자, 진지한 수학자였으며, 또한 농구를 정말 잘하고, 남에게 재미있는 이야기를 끊임없이 들려주던 그런 따뜻함이 물씬 묻어나는 사람이었다. 한번은 호기심이 발동하여 몇몇이 어울려 아이오아 강의 상류를 거슬러 올라갔었다. 강의 발원인 큰 호수를 만나고서야 우리는 모두 마음속으로 "바보!"라고 외치기도 하였다. 그 때 정의채 박사의 모습이 순진무구—바로 그것이었다. 나이가 들면 동심을 간직하기란 여간 힘든 것이 아닌데 그의 곁에 있으면 항상 동심의 세계 속에서 살고 있는 듯 선한 느낌을 받는다. 이 책의 곳곳에 배어있는 천진난만한 이야기들은 어린이들이 아니라 오히려 동심에 잃어버리고 사는 어른들에게 더욱 큰 감동을 안겨줄 것이다.

<소년의 추억>과 같은 글은 새로운 세상에 눈 뜬 어린아이의 마음을 주옥같이 그려내고 있는데, 그것은 아마도 새로운 세계에 도전하는 학자들의 두근거리는 마음과도 같은 것이

리라 믿는다. 이 책을 읽고 나면 마음이 깨끗해지고 천진난만해진다. 그래서 세상이 더욱 맑은 옹달샘과도 같아질 것 같은 느낌을 준다. 끝없는 동심의 세계를 그려내어 이 책을 펴낸 정의채 박사에게 깊은 경의를 표한다. 독자들이여! 이 책을 읽으며 함께 뒷동산에 올라가 쟁반 같은 둥근 달을 따보자고 권하고 싶다.

이우영(서울대 수리과학부 학부장 · 대한수학회 학술상 수상)